Werbung für übermorgen

Kurt Markus Degen

Werbung für übermorgen

Ringier

Inhaltsverzeichnis

Vorwort

Jede Gesellschaft hat ihren Prügelknaben, die unserige hat die Werbung!
Waren es im alten Rom die Christen, im Zeitalter der Reformation die Protestanten, dann später die Freimaurer, die Aufklärer, die Liberalen, die Anarchisten, die Sozialisten, die Zeugen Jehovas, die Juden, die Trotzkisten oder Revisionisten, so hat unsere moderne Industriegesellschaft die Werbung zum Prügelknaben hochstilisiert. Die Funktion des Prügelknaben ist es bekanntlich, die Schuld für irgendwelche Folgen von Geschehnissen, Veränderungen oder Eingriffen, die er selbst nicht veranlaßt hat, zu tragen. Zum Prügelknaben wurde mit Vorliebe derjenige erkoren, der systemverändernde Ansprüche aus seiner Grundhaltung oder Funktion entwickelt, aber nicht stark genug ist, diese durchzusetzen. Auch nicht sich selbst ausreichend zu verteidigen.

Je rückständiger eine Gesellschaft, desto trauriger das Schicksal des Prügelknaben.

Weiter muß ihm ein gewisses Maß an fehlender Transparenz eigen sein. Ist dem aber nicht so und legt der ausgewählte Prügelknabe seine Bücher offen auf den Tisch, dann wird ihm die Absicht der geheimen Verschwörung, unlauterer Beeinflussungen und Agitation kurzum angedichtet. Ja, er wird sogar einer Geisteshaltung verdächtigt, die mit geheimnisvollen Zauberkräften zu tun habe.

Der Prügelknabe wird dadurch nicht nur zum Blitzableiter fremder Unzulänglichkeiten und Versagen. Er sei es auch, der aus dunklen Wolken die Blitze schleudere. Kurz, er wird nicht nur für alles schuldig erklärt, sondern ihm wird die Bedrohung für die Gemeinschaft und deren Fortbestand in der Zukunft angelastet.

Zugegeben, je rückständiger eine Gesellschaft war, desto trauriger prägte sie das Schicksal des Prügelknaben, desto offenkundiger wurde er angeklagt, desto öfter wurde er geprügelt. Wenn man nun das Verhältnis von Rückständigkeit der Gesellschaft und Funktion des Prügelknaben als gegeben annimmt (Beispiel: Hexenverbrennung im Mittelalter), so darf man daraus den Schluß ziehen, daß in einer hochentwickelten Gesellschaft letztlich auf jede Art von Prügelknaben verzichtet wird. Ist dies nicht der Fall, so ist die Gesellschaft auch noch nicht auf dieser Stufe der Entwicklung angelangt.

Je schneller die Prügelknaben befreit werden, desto besser die Zukunft der Gesellschaft.

Je schneller die noch verbliebenen oder neugeschaffenen Prügelknaben von ihrer Funktion befreit werden und dadurch die Öffentlichkeit sich eigener Unzulänglichkeiten und Fehlvorstellungen bewußt wird, desto besser wird es um die Zukunft der Gesellschaft bestellt sein.

Dieses Buch möchte zur Befreiung des Prügelknaben Werbung beitragen. Das Thema ist die Funktion der Werbung in unserer Zeit und deren wachsende Bedeutung in einer sich immer schneller wandelnden Gesellschaft. Dieses Buch will nicht ein begrenztes Fachbuch sein. Solche von Experten geschriebenen und nur von Spezialisten gelesenen Abhandlungen gibt es genug. Dieses Buch wendet sich an die ganze Öffentlichkeit, an alle, die sich für das Schicksal unserer Gesellschaft interessieren und insbesondere an diejenigen, die täglich mit der Werbung konfrontiert werden. Also sowohl an sogenannte Opfer der Werbung wie an solche, die Werbung veranlassen.

Dieses Buch versteht sich als Diskussionsbeitrag zur Wahrheitsfindung. Es vertritt nur die Meinung des Verfassers. Hinter diesem stehen allerdings 30 Jahre Werbetätigkeit und auch ein familienbedingtes Engagement für alle Belange der Politik, der Wirtschaft und der Kunst. Für alle Belange des Lebens. Der Inspirator und Konzipist, der Agitator und Verwalter, der Interpret, Produzent und Konsument sprechen in den folgenden Seiten genauso wie der Werbefachmann.

Daß auf die Anwendung von Fachausdrücken soweit als möglich verzichtet wird, mögen Spezialisten der Werbung verzeihen. Denn gerade damit beginnt die Werbung für übermorgen. Sie wird helfen, eine Sprache zu verteidigen, die immer mehr bedroht ist. Bedroht von schnell wachsenden Fachsprachen, Halbsprachen, Pseudosprachen und Kürzeln. Bedroht von einem Sammelsurium, das zerstörend auf die Gesamtheit wirkt und letztlich von der Gesamtheit nicht mehr verstanden werden kann. Doch gerade die Sprache ist die älteste Kommunikation in der Kulturgeschichte der Menschheit. Sie hat alle anderen Kommunikationen geboren. Ihre Auflösung ist ein Ausdruck der Gefahren, die unsere Menschheit bedrohen, seit die bedenkenlose Anwendung fortschrittlicher Techniken im Bereiche der Kommunikation selbstverständlich geworden ist. Die

Die Sprache hat alle Kommunikationen geboren.

Werbung von übermorgen wird eine wichtige Aufgabe zu erfüllen haben. So absurd es für manchen Leser vorerst scheinen mag, wird die Werbung helfen, die Menschheit vor negativen Folgen des eigenen, oft fraglichen Fortschrittes zu schützen.

1 Die Hofnarren des Fortschritts

Die Legende um die geheimen Verführer

Das immer wieder formulierte Unbehagen über die Werbung wurzelt in der Vorstellung, daß es sich hier um eine geheime Kunst handle. Und zwar um die Kunst der Menschenbeeinflussung. Es werden zwar Menschen bekanntlich durch Elternhaus, Nachbarschaft, Schule, Kirche, Presse, Politik, Wirtschaft, Rundfunk und Fernsehen ebenfalls geprägt, doch nimmt man an, daß diese Kräfte ein höhergestecktes Ziel verfolgen. Man glaubt, es seien Kräfte, die die Gesellschaft entwickeln und vorwärtsbringen. Sollten sie auch Gruppeninteressen vertreten, so agierten sie zumindest mit offenem Visier.

Die Werbung hingegen, so wird die Meinung heute immer noch vertreten, bediene sich unlauterer Methoden. Die Absicht würde nicht ehrlich vorgetragen, sondern mit optischen und verbalen Signalen, die etwas ganz anderes versprächen als sie eigentlich bezweckten, dem Menschen aufgedrängt. Wer mit Werbung zu tun habe, sei a priori ein Lügner. Es ändere nichts daran, daß er ein netter, anständiger und höflicher Lügner sei. Er sei aber, was die Sache verschlimmere, nicht nur ein Lügner in eigener Sache, nein, er wäre zudem ein berufsmäßiger Lügner, der sich von jedermann, der ihm den nötigen Auftrag erteile, kaufen lasse.

Der Werbefachmann wird der geistigen Prostitution bezichtigt.

Das heißt, der Werbefachmann wird der geistigen Prostitution bezichtigt. Das ist auch der Grund, warum es in öffentlichen Ämtern so wenige Werbefachleute gibt. Wenn es in einem Stadtparlament von 200 Mitgliedern einen gibt, dessen Berufsbezeichnung Werbeberater ist, dann darf man schon von einer großen Ausnahme sprechen. Meistens wird dieser Unglückliche allerdings weder in der Politik noch in der Werbung eine besonders große Rolle spielen. In der Politik schon deshalb nicht, weil man ihm ganz einfach das Engagement nicht glaubt, und in der Werbung nicht, weil seine Kreativität eingeschränkt wird durch die ihn frustrierende Mißachtung, die er in seinem politischen Engagement erfährt. Er gehört zu der Gruppe der «geheimen Verführer», der man nicht so recht über den Weg traut.

Jeder Werbefachmann weiß, daß sein gesellschaftlicher Stellenwert nicht hoch angesetzt ist. Das spürt er immer dann, wenn er nicht beruflich benötigt wird. Bei jedem Empfang, bei jeder Cocktailparty hält er sich besser diskret im Hintergrund. Wenn möglich vermeidet er es, sich mit der Nennung seines Berufes vorzustellen. Zu oft erlebte er die kühle Abkehr mitten in einem angeregten Gespräch, wenn die Gesprächspartner – durch die originelle Art des Vortrages neugierig geworden – ihn nach dem Berufe gefragt und enttäuscht erfahren hatten, daß er «nur» ein Werbefachmann sei. Zumindest erwartete man einen Redaktor, einen Fernsehmoderator oder einen Architekten.

Diese Haltung zur Werbung ist in allen sozialen Schichten und Altersgruppen zu beobachten. Der Junge, der in Schüler-, Studenten- oder Künstlerkreisen erzählt, daß er beim Fernsehen arbeite oder beim Theater wirke, wird neugierige Blicke ernten. Dabei spielt es keine Rolle, ob er beim Fernsehen die Laufbahn eines jungen Reporters einschlägt oder als Hilfschauffeur Beleuchtungs- und Kabelmaterial herumfährt. Es ist belanglos, ob er beim Theater eine Regieassistenz hat oder an der Garderobe die Kleider aufhängt. Wichtig ist, daß man seine Tätigkeit mit Institutionen identifizieren kann, die einen hohen gesellschaftlichen Stellenwert haben.

Jeder Werbefachmann weiß, daß sein gesellschaftlicher Stellenwert nicht hoch angesetzt ist.

Der Junge, der in der gleichen Situation erzählt, daß er Graphiker oder Photograph sei, wird noch akzeptiert. Denn dahinter vermutet man den Anspruch eines Künstlers. Derjenige hingegen, der erzählt, daß er in eine Werbeagentur eingetreten sei oder daß er einen langjährigen Werbefachkurs absolviere, wird im besten Fall mit einem mitleidigen Lächeln abgetan. Wenn er in der fröhlichen Runde weiterhin akzeptiert sein will, dann muß er schon ein recht tüchtiger Bursche sein. Vor allem sollte er unbedingt durchblicken laßen, daß er im Grunde die Werbung auch nicht möge und es für ihn lediglich eine Übergangsphase sei, um das Leben beßer kennenzulernen.

Will er als junger Werbefachmann im Kreise seiner gleichaltrigen Bekannten voll akzeptiert sein, so ist er gezwungen, seine einzige wirkliche Lüge im Zusammenhang mit seinem Beruf anzusprechen: die Verleugnung seines Engagements in der Werbung.

Somit hat er ungewollt mitgeholfen, das verbreitete Vorurteil über die Werbung zu bestätigen. Die katastrophale Fehleinschätzung der Funktion einer wichtigen Berufsgruppe in unserer Zeit hat, einmal mehr, Nahrung gefunden.

Ist der junge Werbefachmann älter geworden, so wird und kann er sein Engagement in der Werbung nicht mehr verleugnen. Er wird zu öffentlichen Fragen ganz einfach schweigen oder resignieren.
Als geheimer, also unheimlicher Verführer abgestempelt, fügt er sich in das Schicksal des Prügelknaben. Seine Abwehr ist schließlich die Abkehr von öffentlichen Aufgaben. Er zieht sich hinter die Grenzen seiner Branche zurück und überläßt die primären Öffentlichkeitsarbeiten anderen Befugten oder fleißigen Besserwissern. Die Folge ist ein Schaden in der Weiterentwicklung der Gesellschaft. Denn ausgerechnet diejenige Berufsgruppe, die sich am intensivsten mit der Kommunikation zwischen Produzent und Konsument auseinandersetzen muß, die eine großartige, sich von starren Formen immer wieder lösende Phantasie zum Ansprechen der Menschen entwickelt hat, die von Berufs wegen über ein immenses Einfühlungs- und Vorstellungsvermögen verfügt, steht in der Diskussion um gesellschaftliche Lösungen abseits.
Die gedankenlose Verfemung einer wichtigen Berufsgruppe kommt die Gesellschaft allerdings teuer zu stehen. Sie verzichtet für ihre öffentlichen Gremien auf die wohl kreativsten und wirklich unabhängig denkenden Köpfe, die es in unserer modernen Gesellschaft gibt.
Es gilt deshalb, vorerst die Vorurteile über die Werbung abzubauen .
Wenn man Vorurteile abbauen will, muß man auf die damit verbundenen Vorwürfe die Antwort kennen.
Will man über die Werbung von morgen sprechen, muß man die Werbung von heute kennen. Und die Werbung von heute ist schon längst nicht mehr die von gestern oder vorgestern. Das Bewußtsein der

Öffentlichkeit ist jedoch in der Werbung von gestern stehengeblieben. Die Werbung wird als Einbahnstraße gesehen. Irgend jemand, so glaubt man, will etwas verkaufen, und die Werbefachleute versuchen mit allen raffinierten Mitteln und unter allen Umständen, es den Menschen aufzudrängen.

Die Werbung von heute ist nicht die von vorgestern.

Dieses Vorurteil sagt, daß eine zügellose Reklame letztlich schuld sei an einem überbordenden Konsumverhalten, das wiederum eine oberflächliche Geisteshaltung fördere. Intellektuelle Verflachung und Beziehungslosigkeit der Menschen untereinander seien dann die Folge. Die Sucht nach immer neuen Waren und Dienstleistungen würde immer mehr gefördert. Im Verhalten der Jugend könne man die katastrophalen Auswirkungen der charakterlosen Agitatoren am eindrücklichsten erkennen. Schuld daran seien eben die geheimen Verführer, die Werbeleute. Mit immer besseren und raffinierteren Methoden führten sie das ahnungslose Publikum auf den Pfaden einer grenzenlosen Konsumwut in den seelischen Abgrund. Das schlimmste aber sei das heimliche Vorgehen mit Ziel auf die menschliche Psyche. Das Publikum würde dadurch immer mehr den schwer durchschaubaren Reizen hilflos ausgeliefert.

Mit dem Bestseller «Die geheimen Verführer» des Amerikaners Vance Packard erreichte die Verketzerung der Werbung einen Höhepunkt, und bis heute konnte sie sich davon nicht ganz erholen.

Packard berichtete von einem Experiment, das verständlicherweise die Bürger mit aufrichtiger Sorge erfüllen mußte. Es handelt sich, nach Packard, um folgendes:

In einem Kino in New York wurde während des Abspielens eines Filmes in ganz kurzen Intervallen eine Botschaft eingeblendet, die nur für den Bruchteil einer Sekunde auf der Leinwand aufflammte, so daß sie bewußt gar nicht wahrgenommen werden konnte. Diese Botschaft wurde mehrmals wiederholt. Sie lautete: «Essen Sie Hühnchen». Direkt dem Kino gegenüber sei ein Würstchenstand plaziert gewesen, der unter anderem auch Hühnchen verkaufte. Nach Schluß der Vorstellung verspeisten die Leute, die aus dem Kino strömten, massenhaft Hühnchen.
Die Schlußfolgerung aus diesem Experiment hörte sich in etwa wie folgt an: Die Möglichkeit der Beeinflussung mittels Umgehung der bewußten Wahrnehmung als direkter Zugriff auf das Unterbewußte sei somit erwiesen und die Werbung als teuflische Kunst entlarvt.
Der große Trugschluß ist nur, daß es sich bei diesem Beispiel eindeutig nicht um Werbung handelt. Werbung ist immer sichtbar beziehungsweise wahrnehmbar. Alle Formen der Einwirkung, die nicht sichtbar oder nicht wahrnehmbar sind, haben mit Werbung nichts zu tun.
Hier handelt es sich um ein Phänomen neuer Möglichkeiten des Einwirkens auf das Unterbewußte mittels moderner Filmtechniken. Sollten allerdings solche Techniken Anwendung finden, dann bedeuteten diese tatsächlich eine große Gefahr für die Gesellschaft und übrigens auch das Ende der Werbung. Mittels jeder Fernsehsendung, bei jeder harmlosen Nachrichtendurchgabe könnten Aufforderungen oder Botschaften dem Publikum einsuggeriert werden. Es müßte ja nicht heißen «Essen Sie Hühnchen», sondern zum Beispiel «Bill Clinton ist ein guter Präsident» oder

«Stimmen Sie für die Mehrwertsteuer». Die Gefahren der Manipulation liegen eindeutig in den Händen der großen Massenkommunikationsmedien, also der Presse, des Rundfunks und des Fernsehens. Sollten aber solche Methoden im Dienste von Wirtschaftsinteressen angewendet werden, dann wären sie genauso verwerflich. Wesentlich ist in diesem Zusammenhang nur nochmals die Feststellung, daß es sich dann nicht um Werbung handeln würde. Denn Werbung wirbt. Werbung präsentiert sich stolz als Werbung und braucht sich nicht zu verstecken. Werbung benötigt sogar die Konfrontation der Wahrnehmung. Jede Umgehung der Wahrnehmung wäre gleichzeitig eine Umgehung der Werbung. Ein Ausschließen der Wahrnehmbarkeit aber wäre ein Mißbrauch moderner Audiovisionstechniken, den zu tätigen einem echten Werbefachmann niemals einfallen würde und wofür er auch kaum die Mittel hätte. Wenn ein Werbefachmann trotzdem auf die Idee käme, solche Methoden einzusetzen, dann hätte er sich gleichzeitig als Werbefachmann aufgegeben. Ich kann mich allerdings nicht erinnern, in meiner 30jährigen Berufspraxis je von einem solchen Fall gehört zu haben oder davon, daß in einem Gremium von Werbefachleuten, sollten solche Methoden überhaupt realisierbar sein, je etwas Ähnliches vorgeschlagen worden wäre. Denn Werbeleute wollen Werbung betreiben, und Werbung braucht Konfrontation! Und der Informationsfachmann, also der Journalist und der Fernsehredaktor, der will Information

Die Gefahren der Manipulation liegen in den Händen der Presse, des Rundfunks und des Fernsehens.

betreiben, und Information ist Diskussion. Die Beeinflussung des Menschen aber – mittels Umgehung der Wahrnehmbarkeit – wäre weder Werbung noch Information, sondern ganz einfach ein krimineller Akt gegenüber den Menschen. Dies zu verbieten, ist ein Auftrag an den Gesetzgeber. So wie das insgeheime Beobachten oder Abhören mittels audiovisueller Techniken einen Eingriff in die Freiheit und Würde des Menschen bedeutet und deshalb ja auch verboten ist.

Werbung braucht sich nicht zu verstecken. Werbung braucht Konfrontation!

Daß die Speicherung von Daten, von optischen und verbalen Informationen und die alldurchdringende Anwendung audiovisueller Techniken als Mittel der Menschenführung oder Verhaltenskontrollen (zum Beispiel: Betriebsfernsehen) vom Gesetzgeber eingeschränkt werden müßen, ist doch eine Selbstverständlichkeit. Was hat denn das mit der Werbung zu tun? Nein, die Werbefachleute sind nicht die geheimen Verführer! Sollte es geheime Verführer geben, so würden die in ganz anderen Gremien und an anderen Schalthebeln moderner Macht sitzen. Geheime Verführer würden und könnten niemals Werbung betreiben.
Ein erstes Vorurteil über die Werbung, nämlich das der geheimen Beeinflußung, beginnt sich schon bei näherem Hinsehen in nichts aufzulösen. Die Legende von den Werbefachleuten als geheime Verführer wird bald ausgedient haben.

Der Vorwurf der Manipulation

Der zweite Vorwurf an die Werbung ist die Behauptung, daß sie den Menschen manipuliere. Nun ist zweifellos Manipulation nicht alleine von der Anwendung gefährlicher Techniken her möglich, sondern auch durch ein bestimmtes Zusammenfügen von Botschaften, indem man mittels Konzentrieren beziehungsweise Weglassen wichtiger Aussagen ein falsches oder ein neues Bild von der Wirklichkeit zeichnet. Ein falsches Bild der Wirklichkeit kann man aber nur dann zeichnen, wenn man schon von seiner Funktion her zu einer objektiven Wiedergabe verpflichtet ist (und nicht zu einer subjektiven Interpretation derselben). Einer objektiven Wiedergabe der Wirklichkeit ist aber nicht die Werbung verpflichtet, sondern die Information.

Einer objektiven Wiedergabe der Wirklichkeit ist die Information verpflichtet.

Ich möchte dies an einem Beispiel erläutern. Nehmen wir an, in irgendeiner Ortschaft in einem abgelegenen Bergtal habe man eine Staumauer geplant, die einschneidende Folgen für das Weiterbestehen dieser Ortschaft nach sich ziehen würde. Über irgendwelche Kanäle oder durch eine Bürgerinitiative dieser Ortschaft selbst wäre nun bekanntgeworden, daß sich die Bevölkerung gegen dieses Projekt wehrt. Manipulation wäre nun, wenn ein Radioreporter, nachdem er festgestellt hat, daß von 500 Einwohnern 490 gegen den Bau der Staumauer eingestellt sind und nur deren 10 dafür, trotzdem von den 10 Befürwortern 8 interviewen, von den 490 Gegnern jedoch nur 2 zu Worte kommen ließe.

In der folgenden Sendung bekäme die Öffentlichkeit notgedrungen den Eindruck, daß der überwiegende Teil dieser Ortsbevölkerung der Staumauer positiv gegenüberstünde. Das wäre ein typisches Beispiel von Manipulation! Das heißt, durch ein bewußtes Zusammenfügen verschiedener Einzelinformationen, die jede für sich gesehen absolut der Wahrheit entsprechen, wird ein falsches, der Wahrheit nicht entsprechendes Gesamtbild wiedergegeben. Die 8 Befürworter der Staumauer in diesem Beispiel existieren tatsächlich und mußten zu keinerlei falschen Aussagen bewogen werden.

Die Arbeit des Zusammenfügens wäre dann Redaktionsarbeit. Abgeschwächt beziehungsweise verfeinert werden könnte dieses Beispiel der Manipulation noch durch einen parallel laufenden Kommentar, der sich zurückhaltend und neutral geben würde, jedoch die tatsächlichen Kräfte- beziehungsweise Stimmenverhältnisse in diesem Dorf verschweigt. Das bloße Hinzufügen der im umgekehrten Kräfteverhältnis ausgewählten Interviews würde dann die gewünschte Wirkung schon auslösen.

Ich will damit nicht sagen, daß unsere Informationsleute die Absicht hätten, die öffentliche Meinung zu manipulieren. Bestimmt aber ist die Gefahr der Manipulation im Bereich der Meinungsmacher angesiedelt. Es liegt an ihnen, sich dieser Gefahr ständig zu wehren und möglichst wahrheitsgetreu zu informieren.

Es darf auch nicht übersehen werden, daß im Gegensatz zur Werbung die Nachrichtenmedien wie auch die

Presse immer den Anspruch erheben, im Namen der Öffentlichkeit, also der absoluten Wahrheitsverpflichtung getreu, aufzutreten.
Die Gefahr, daß persönliche Meinungen einzelner Journalisten oder Redaktoren als öffentliche Meinung ausgegeben werden, ist an sich schon sehr groß. Jedermann kennt die Formeln aus Presse und Medien wie etwa: «So wie gewisse Kreise vermuten» oder «Man sagt» oder «aus zuverlässigen Quellen» usw., Floskeln also, die alle unfaßbar sind und nur allzuoft persönliche Meinungen kaschieren. Dem Leser, Hörer oder Fernsehzuschauer soll aber der Eindruck vermittelt werden, es handle sich um abgesicherte Informationen beziehungsweise um Tatsachen. Demnach ist also die Manipulation von Natur aus dort ansässig, wo man im Namen einer objektiven Wiedergabe der Wirklichkeit auftritt und diesen Anspruch stellt, zum Beispiel auch bei der Information. Die Werbung hingegen ruft auf zur subjektiven Interpretation der Wirklichkeit.

Bestimmt aber ist die Gefahr der Manipulation im Bereich der Meinungsmacher angesiedelt.

Werbung als denkende Kraft

Werbung handelt im Sinne eines klar formulierten Auftrages im Zusammenhang mit einer Ware, einer Institution oder einer Dienstleistung.
Jedes Kind kann in einer Zeitung Werbung vom redaktionellen Teil unterscheiden. Ein Inserat ist als solches, das heißt als Inserat erkennbar. Ein Plakat als Plakat. Ruft ein Inserat in einer Zeitschrift zum Beispiel zum Trinken von Coca-Cola auf, so sagt dieses Inserat nicht, daß es die gesamte Wirklichkeit des Lebens objektiv wiedergebe. Der Auftrag ist klar, nämlich zum Trinken von Coca-Cola anzuregen. Nicht mehr und nicht weniger.
Verbindet sich damit ein sogenannt schönes Bild wie etwa ein junges, hübsches Paar, das an einem sonnenüberfluteten, einsamen Sandstrand in der Ferne wandert, dann ist das eine Ermunterung zur Interpretation der Wirklichkeit. Denn dieses Inserat sagt ja nicht: «Es ist so!», «gewisse Kreise vermuten», «man sagt», «aus seriösen Quellen», und es sagt auch nicht, «mit dem Kauf von Coca-Cola wirst du all deine Träume erfüllen können», sondern diese Werbung sagt: «Interpretiere doch deine Welt, laß deinen Gefühlen freien Lauf, setze deine Phantasie in Bewegung.» Mit anderen Worten: Die Werbung wirbt, lockt, regt an zur persönlichen Aktion, setzt die mögliche Aktion in Beziehung zum

Die Werbung wirbt, lockt, regt an zur persönlichen Aktion.

Auftrag, also in diesem Fall zum Produkt Coca-Cola, und ruft auf, dieses Produkt zum Erlebnis auszuweiten. Nun kommt die oberflächliche Kritik und sagt, daß es am Beispiel dieses Inserates von Coca-Cola nun doch offensichtlich sei, wie die Werbung mittels Vorgaukeln einer heilen Welt ein gewöhnliches Produkt an den Mann zu bringen versuche. Die einfache Seele glaube nun bewußt oder unbewußt beim Betrachten dieses Inserates, daß man mit dem Kauf von Coca-Cola automatisch an einem einsamen Sandstrand mit einem schönen Mädchen oder einem netten Jungen in die Ferne wandern würde.

Eine solche Seele müßte schon reichlich naiv sein. Die Kritiker der Werbung treten oft so auf, daß man bald vermuten muß, sie glauben, unser Publikum befinde sich immer noch in einer Analphabetengesellschaft, beziehungsweise die Menschen in unserer Gesellschaft könnten nicht denken.

Die Kritiker der Werbung glauben, unser Publikum befinde sich in einer Analphabetengesellschaft.

Das Publikum weiß, daß mit dem Kauf einer Coca-Cola kein Sandstrand inbegriffen ist. Das Publikum weiß aber auch, daß es Sandstrände gibt, und es weiß auch, daß es Partnerschaften gibt, und es weiß auch, ob es die materiellen Möglichkeiten hat, solche Erlebnisse Wirklichkeit werden zu lassen.

Das besagte Coca-Cola-Inserat ermuntert dazu, Träume tatsächlich Wirklichkeit werden zu lassen oder solch traumhaft schöne Wirklichkeiten zu wiederholen.

Noch mehr: Genau gesehen wirbt dieses Inserat nicht nur für Coca-Cola, sondern auch für den Sandstrand, für Partnerschaft und für das Erleben einsamer Natur. Vertiefen wir uns in die Analyse dieses Beispiels, so erkennen wir, daß dieses Inserat sich gegen überfüllte Strände und gegen Beziehungslosigkeit des Menschen zum Mitmenschen und zur Natur stellt. Es setzt einer objektiv möglichen Wirklichkeit eine bessere und objektiv auch mögliche Wirklichkeit gegenüber. Beziehungsweise stellt es die bessere, also die gewünschte objektiv mögliche Wirklichkeit dar. Es nimmt Abstand von Wirklichkeiten, die nicht mehr zu befriedigen vermögen. Also in diesem Fall von überfüllten Stränden und von Beziehungslosigkeiten. Es stellt diesen aber keine heile Traumwelt gegenüber, sondern die Möglichkeit, die der Mensch realisieren kann! Damit befriedigt dieses Bild ein inneres Anliegen des Betrachters. Befriedigt deshalb, weil alleine schon die Veröffentlichung eines Anliegens dessen Legitimation beweist, beansprucht oder zumindest zur Diskussion stellt. Die Legitimation eines Anspruchs aber ist der erste Schritt zu dessen Erfüllung.

Da die Werbung wirbt und nicht befiehlt, ist die Erfüllung dem Angesprochenen überlassen.

Da die Werbung wirbt und nicht befiehlt, kann sie sich nur in Freiräumen bewegen und entfalten. Ihre Voraussetzung ist die tolerante, intelligente Gesellschaft. Auch umgekehrt. Die Werbung wird zu einer treibenden Kraft, die für die Entfaltung und die Erweiterung der Toleranz wirkt. Warum tut sie das? Warum, so darf man jetzt fragen, kann auch Werbung nicht in irgendwelchen Formen oder im gedankenlosen Wiederholen irgendwelcher Prinzipien erstarren? Der tiefere Grund dafür liegt im Wesen der Werbung selbst begründet.

Werbung als Kommunikation im Auftrag

Werbung ist primär Kommunikation im Auftrag. Und da jeder Auftrag einem Bedürfnis entspringt, also der Erfüllung eines Zieles dient, kann kein Auftrag ewig dauern. Ein Auftrag kann wohl lauten, die Erfüllung eines Bedürfnisses langfristig, das heißt immer wieder, zu leisten oder zu verhindern. Oder einen politischen Anspruch langfristig durchzusetzen oder zu verhindern. Nur, einem solchen Dauerauftrag zu dienen, liegt nicht im Bereich der Möglichkeiten der Werbung. Solche Daueraufträge benötigen Organisationen, die sich als gesellschaftliche Institutionen etablieren.
Für die Erfüllung solcher Daueraufträge haben die Religionsstifter ihre Kirchen und die Ideologen ihre Parteien geschaffen. Die Vertreter dieser Organisationen, also die Priester und die Parteipolitiker, haben einem nie endenden Auftrag zu dienen. Da ihr Wirken in bezug auf ihren Dauerauftrag nicht meßbar ist, stehen sie unter keinem direkten Erfolgszwang. Deshalb werben sie nicht, sondern sie agieren und realisieren. Sie agieren im Sinne einer steten Wiederholung der immer gleichen Grundsätze, die dem lebendigen gesellschaftlichen Wandel gegenübergestellt werden beziehungsweise diesen Wandel kanalisieren wollen. Sie realisieren Macht, damit das System ihrer Grundsätze nicht umgekehrt vom gesellschaftlichen Wandel aufgelöst wird.

Die Priester und die Parteipolitiker haben einem nie endenden Auftrag zu dienen.

Wieweit die Funktion solcher Institutionen positiv oder negativ ist, muß für jede einzelne besonders beurteilt werden. In jedem Fall entstehen sie, um einen aktuellen gesellschaftspolitischen Anspruch zu formulieren, etablieren sich und entwickeln sehr schnell die Tendenz, sich selbst zu erhalten. Sie erstarren zu Institutionen und leiten ihre Existenzberechtigung von ihrem Dauerauftrag ab.

Da die Werbung ein Mittel ist, das die Phantasie des Menschen in Bewegung setzt, um ihn zu einer bestimmten Handlung zu ermuntern, kann sie einem Dauerauftrag, der eine bestimmte Geisteshaltung nicht verändern, sondern erhalten will, nicht dienen. Darin liegt auch der tiefere Grund dafür, daß etablierte Institutionen eine ablehnende Haltung zur Werbung haben, denn sie sehen sich selbst als Heil der Welt. Die Werbung würde dies automatisch in Frage stellen.

Je starrer ein gesellschaftliches System ist, desto weniger Werbung wird man in diesem finden.

Und in der Tat, je starrer ein gesellschaftliches System ist, desto weniger Werbung wird man in diesem finden. An Stelle der Werbung tritt dann die Propaganda. Man benötigt dann auch keine Werbefachleute mehr, sondern gefügige Journalisten und Medienspezialisten. Die Werbung wird ganz aufgelöst, und die Propaganda ersetzt immer mehr die Information. Und schließlich: Mit der Ausschaltung der Information beginnt die Herrschaft der Lügner.

Drehen wir diese Gedankenfolge wieder zurück, so erkennen wir, daß Werbung nicht möglich ist, wo Meinungsbildung als Dauerauftrag verstanden wird. Werbung wird möglich, wo ein Auftrag auf Zeit gegeben ist. Werbung ist Kommunikation im Auftrag auf Zeit.

Aufträge auf Zeit erteilte zuerst und erteilt immer noch vor allem die Wirtschaft. Die Produktion von Waren ist an sich wertneutral. Sie bedarf keinerlei ideologischer oder moralischer Rechtfertigung. Die stürmische Entwicklung der marktorientierten Wirtschaft schuf in gleichem Maße das Bedürfnis der Wirtschaft, Möglichkeiten zum Ansprechen des Marktes, also des Menschen über alle Institutionen hinweg, zu finden. Die Wirtschaft ist es, die die Werbung forderte.

Die marktorientierte Wirtschaft unterliegt einem inneren Zwang der Erkennung, Erfassung und Erschließung der Bedürfnisse des Marktes.

Die marktorientierte Wirtschaft kann ihre Existenzberechtigung nicht von einer Ideologie, sondern nur von ihrem Produkt, also von ihrer Leistungsfähigkeit ableiten. Leistung aber bestätigt sich im Erfolg und nicht im Mißerfolg. Wer sich aber am Erfolg mißt, der steht unter einem Erfolgszwang. Wer unter einem Erfolgszwang steht, der kann sich Mißerfolg nicht leisten.

Wer sich am Erfolg mißt, der steht unter einem Erfolgszwang.

Er muß alle hemmenden Systeme und Denkschemen über Bord werfen. Er muß sich selbst kontrollieren und korrigieren können. Er entwickelt ein sachliches Denken, das jegliche Kritik und Selbstkritik miteinschließt. Zwischen der marktorientierten Wirtschaft und dem Markt entwickeln sich dialektische Beziehungen. Ein befriedigtes Bedürfnis entwickelt sofort neue Bedürfnisse. Je schneller ein Markt befriedigt ist, desto schneller entstehen dadurch neue Märkte. Der Markt selbst unterliegt einem steten Wandel, die marktorientierte Wirtschaft logischerweise auch. Die in der Wechselwirkung von Markt und Wirtschaft rotierende Dyna-

Erfolgszwang verlangt absolute Objektivität.

mik verschärft den Erfolgszwang aller Produzierenden.

Die marktorientierte Wirtschaft kann es sich gar nicht leisten, sich selbst anzulügen. Erfolgszwang verlangt absolute Objektivität. Wenn die marktorientierte Wirtschaft die in ihr begründete Dynamik verletzt oder einschränkt, dann sind das nur Tribute an höhergelagerte gesellschaftliche Institutionen.

Die Marktwirtschaft an sich ist apolitisch. Ihre Manager, die Funktionäre der Wirtschaft, wenn man so will, sind es auch. Ihr einziges Interesse gilt der Erhaltung und der Steigerung der Leistungsfähigkeit ihrer Unternehmungen. Selbstverständlich werden auch Unternehmungen zu gesellschaftlichen Institutionen, und so können auch Unternehmungen Tendenzen der reinen Selbsterhaltung ohne eigentlichen Zweck entwickeln. Da aber Unternehmen nicht von wohltätigen Sammlungen, Abgaben oder Steuern leben, sondern sich selbst finanzieren müssen, sind solchen Tendenzen Grenzen gesetzt. So schnell ein Unternehmen Gewinne realisieren kann, so schnell kann es sie auch wieder verlieren.

Die Rentabilität aller Bemühungen, die Wirtschaftlichkeit, ist oberste Maxime. Entzieht sich ein Unternehmen dem Erfolgszwang und erstarrt es zur reinen Institution der Selbsterhaltung, so wird es sehr bald auf dem Markt hin- und hergeworfen wie ein Schiff auf dem Meer, das ohne eigene Kraft schwimmt. Früher oder später werden es die Wogen des Marktes überfluten, und früher oder später wird es untergehen.

Die marktorientierte Wirtschaft steht unter einem Erfolgszwang. Und der Erfolgszwang formuliert den Auftrag auf Zeit. Der Erfolgszwang ruft nach der Werbung und stellt an die Werbung den Auftrag, nicht zu träumen und zu fabulieren, sondern dem Erfolg zu dienen. Der Erfolgszwang ist es aber auch, der die Werbung zur Kreativität aufruft. Der aufruft zum Entdecken und zum Öffnen der Freiräume im Denken und im Handeln der Menschen. Der aufruft, den Markt zu befragen, zu analysieren und mögliche Fehleinschätzungen sofort zu melden. Der aufruft zum Fragen, zum Befragen und In-Frage-Stellen. Ja sogar den erteilten Auftrag in Frage zu stellen. Denn vor nichts fürchtet sich die marktorientierte Wirtschaft so sehr wie vor Fehlinvestitionen, da diese die eigentliche Bedrohung der eigenen Existenz sind.

Es würde heute kein moderner Wirtschaftsmanager mehr auf die absurde Idee kommen, ein Produkt, das vom Markt nicht mehr aufgenommen werden kann oder das nicht mehr marktkonform ist, mit allen Mitteln durchpauken zu wollen.

Sollte ein Produkt nicht mehr stimmen, kann die beste Werbung nicht weiterhelfen. Im Gegenteil, sie würde die Fehlinvestition noch vergrößern und den Mißerfolg noch deutlicher werden lassen.

Die Werbung ist ein Mittel der Aufschließung und nicht der Vergewaltigung des Marktes. Mit dem Mittel der Werbung kann man auch gar nicht den Markt vergewaltigen, denn Werbung wirbt ja und befiehlt nicht. Wollte man den Markt vergewaltigen, müßte man andere Mittel dafür einsetzen. Wo das geschieht, wird konsequenterweise auch keine Werbung mehr benötigt.

Sollte ein Produkt nicht mehr stimmen, kann die beste Werbung nicht weiterhelfen.

Wo Unternehmungen der marktorientierten Wirtschaft das tun, zum Beispiel mit der Schaffung einer absoluten Monopolstellung in irgendeinem bestimmten Land oder Markt, heben sie sich gleichzeitig als Teil der marktorientierten Wirtschaft auf. Sie erstarren zu Institutionen und verlieren letztlich ihre innere Dynamik. Man kann diese Betrachtung auch einmal umgekehrt anstellen. Man kann sagen, wo geworben wird, da muß effektiv oder potentiell auch Konkurrenz sein. Am Beispiel des beschriebenen Coca-Cola-Inserates läßt sich diese Erkenntnis sehr einfach ableiten. Wer dieses Inserat sieht, weiß grundsätzlich drei wichtige Dinge:

Wo geworben wird, da muss auch Konkurrenz sein.

1. Daß in diesem Land alkoholfreie Getränke getrunken werden. Wäre das nicht der Fall, dann gäbe es nämlich keinen Markt und dann würde Coca-Cola auch nicht werben.

2. Daß in diesem Land nicht nur Coca-Cola getrunken wird, sondern offensichtlich noch verschiedene andere Getränke angeboten werden. Wäre das nämlich nicht der Fall, dann müßte Coca-Cola wiederum nicht werben.

3. Daß es in diesem Land auch Coca-Cola gibt, beziehungsweise, daß in diesem Land Coca-Cola getrunken wird.

Hätte Coca-Cola eine absolute Monopolstellung, beziehungsweise würde es keine anderen Getränke geben, würde jeder Mensch automatisch mit dem

Frühstück sein Coca-Cola, gewollt oder ungewollt, bestellt oder unbestellt, geliefert bekommen. Gäbe es in sämtlichen Geschäften nur Coca-Cola, dann wäre diese Coca-Cola-Werbung überflüssig. Wo Werbung ist, muß also auch ein freier oder, mit anderen Worten ausgedrückt, ein offener Markt sein. Werbung ist nur dort sinnvoll, wo die Freiheit der Wahl garantiert ist.

Gäbe es nur Coca-Cola, dann wäre Coca-Cola-Werbung überflüssig.

Der Sinn der Freiheit der Wahl

Schon in der Antike hatte der sinnliche Paris die Wahl, als er seine schöne Helena erkor. Er wählte eine von dreien. Jede der drei Schönen warb mit einem Versprechen. Die Versprechen lauteten Reichtum, Ruhm oder Liebe. Er wählte die Liebe.

Wären die drei Schönen nicht in Konkurrenz zueinander gestanden beziehungsweise hätte Paris von Anfang an keine Wahl gehabt oder hätte er alle drei haben können, dann wären die Versprechungen überflüssig gewesen.

Die Versprechen sind, bezogen auf das Produkt, die Zusatzleistungen, die erbracht werden müssen, um sich von Konkurrenz abheben zu können. Es tritt die sogenannte Profilierung ein. Ein Produkt, eine Dienstleistung oder eine Firma bekommt ein Profil, indem bestimmte zusätzliche Leistungen erbracht werden. So kann auch der Ausdruck einer speziellen Geisteshaltung, ja einer Philosophie des Lebens eine zusätzliche Leistung sein, um die Sympathie des Umworbenen zu gewinnen. Eine zusätzliche Leistung hat aber immer vorerst den Charakter eines Versprechens. Sie wird dann erbracht, wenn der Umworbene im Sinne der Ansprache gehandelt hat. Sie ist eine Belohnung für die getroffene Wahl.

Reichtum, Ruhm oder Liebe – der umworbene Paris, das heißt der Mensch mit seinen Bedürfnissen, hat die Wahl. Nun sind aber Versprechen bekanntlich da, um eingehalten zu werden. Wer ein Versprechen einmal

nicht einhält, dem wird niemand ein zweites Mal glauben wollen.
Damit wären wir bei der Werbung von heute angelangt. Die Werbung von heute ist keine Einbahnstraße mehr. Man fährt in beide Richtungen. Sie ist eine Brücke zwischen Produzent und Konsument. Sie versucht nicht nur dem Konsumenten ein Produkt zu verkaufen, sondern sie sagt auch dem Produzenten, was der Konsument eigentlich will. Sie plaziert ebensogut die Bedürfnisse und Wünsche des Konsumenten beim Produzenten. Im weiteren verpflichtet sie den Produzenten mit den durch die Werbung gemachten Aussagen. Sie profiliert die Unternehmung und veröffentlicht die Versprechen des Produzenten, damit sie jedermann kenne. Veröffentlichte Versprechen aber verpflichten zu deren Einhaltung.

Die Werbung von heute ist keine Einbahnstraße mehr.

Wenn zum Beispiel die Volkswagen-Werke in einer Werbekampagne mitteilen würden, daß in allen beliebten Feriengebieten Europas sämtliche VW-Garagen für die Zeit der Sommerferien wohl gerüstet seien und die letzte Service-Stelle innerhalb eines Tages eine neue Kupplung einbauen könne, wäre das ein Versprechen, das eingehalten werden muß.
Die Werbeabteilung weiß am besten, daß jede Werbung sich ins Gegenteil kehrt, wenn die darin genannten Versprechen nicht eingehalten werden. Oder mit anderen Worten: Eine gute Werbung für ein schlechtes oder nicht gut funktionierendes Produkt ist eigentlich eine Gegenwerbung.
Sollte aber die Organisation klappen und jeder VW-Fahrer nach der Rückkehr aus seinen Ferien bestätigen

können, daß die abgelegenste Service-Stelle über sämtliche Bestandteile in genügendem Maße verfügte, so verdichtet sich nun diese positive Erfahrung zum Profil von Volkswagen. Volkswagen ist nun nicht mehr nur einfach ein preiswertes Auto, sondern es ist ein Autounternehmen, das organisieren kann, an die Sorgen seiner Kunden denkt, bestimmte Situationen erfaßt und zu erwartende Engpässe mittels einer zusätzlichen Leistung zu überwinden hilft.

So wie man einem Menschen bestimmte Charaktereigenschaften zuspricht, die man wiederum von seinem Verhalten ableitet, so legt man auch einem Unternehmen (im Gegensatz zur Ware, zum Produkt an sich) moralisch qualifizierbare Eigenschaften zu.

Ein Unternehmen kann nett, offenherzig, kalt oder verschlossen, ehrlich, zuverlässig, flexibel, modern, konservativ oder unehrlich sein.

Im Bewußtsein der Öffentlichkeit wird ein Unternehmen zu einem Menschen, dessen Charakter im Gesicht geschrieben steht. Und das Gesicht eines Unternehmens ist seine Werbung. Da man ein Gesicht am eindrücklichsten im Profil sehen kann, nimmt man das Wort Profil auch für Eigenart und Charakter. Davon ist die Rede, wenn Werbeleute von Profilierung oder Profilgebung sprechen. Ein Profil ist das unsichtbare Bild, das, bedingt durch Leistung, Ansprache und Verhalten eines Unternehmens, im Bewußtsein der Öffentlichkeit über dasselbe entstanden ist. Je einfacher, klarer und eindeutiger die Umrisse dieses Bildes jedoch sind, desto profilierter ist ein Unternehmen. Je profilierter ein Unternehmen ist, desto schneller kann es eingeschätzt

Das Gesicht eines Unternehmens ist seine Werbung.

und beurteilt werden. Desto rascher erfolgt Zustimmung oder Ablehnung.
Ein im Bewußtsein der Öffentlichkeit einmal entstandenes Profil ist nur schwer, also nur mittel- und langfristig korrigierbar.
Eine Korrektur bedingt eine entsprechende Änderung der Leistung, der Ansprache und des Verhaltens im gewünschten Sinne. Die Ansprache, also die Werbung alleine, ohne Nachziehen von Leistung und Verhalten könnte dies nicht erwirken. Die Werbung signalisiert der Öffentlichkeit die vom Unternehmen gewünschte Profilkorrektur. Sie veröffentlicht die vollzogenen oder noch zu vollziehenden Maßnahmen. Sie ist zwar Bannerträgerin des Feldzuges für ein anderes Profil, weiß aber genau, daß noch nie ein Banner allein eine Schlacht gewonnen hat. Ziehen die Truppen nicht nach, so ruft sie die Truppen zur Einlösung ihres Versprechens auf, nämlich den Feldzug nun auch wirklich zu führen, oder sie steckt das Banner wieder ein. Schon darum übrigens, um noch Schlimmeres zu verhüten.
Der zwar blendend angesagte, aber nicht durchgeführte Feldzug könnte sich jetzt sehr schnell ins Gegenteil kehren. Die einsame Bannerträgerin würde gefangengenommen, und die nicht nachgezogenen Truppen könnten mit dem eigenen Banner in die Flucht geschlagen werden.
Versprechen sind tatsächlich da, um eingehalten zu werden. Die Veröffentlichung von neuen Maßnahmen beziehungsweise Leistungen ist ein Versprechen. Ziehen nun Leistungen und Verhalten eines Unternehmens nicht nach, das heißt, werden die Versprechen nicht eingehalten, so wird diese Erfahrung zur einschneidenden Erfahrung, das sich im Profil dieses Unternehmens niederschlägt.

Eine Korrektur des Profils könnte dann allerdings schon stattfinden. Nur nicht im gewünschten positiven Sinne, sondern im negativen. Und mit Recht. Denn ein Profil ist ja das Bild des Gesamteindruckes. Es schließt Charakter, Leistung, Ansprache und Verhalten mit ein.
Ein Unternehmen, das sozusagen seine eigene Werbung im Stich läßt, indem es die darin genannten Versprechen nicht erfüllt, fügt sich selbst den größten Schaden zu. Man wird ihm die eigene Werbung vorhalten und es der Lüge, ja des Betruges bezichtigen.
Solche Fälle kommen allerdings recht selten vor. Daß die Versprechen nämlich eingehalten werden, dafür sorgen nicht nur die verantwortlichen Manager, sondern auch, ja oft in erster Linie, die Werbeleute.
Denn Werbeleute wollen ja gute Werbung betreiben, und gute Werbung ist nur Werbung, die Erfolg hat. Läßt aber ein Unternehmer seine Werbung mit der versprochenen Leistung im Stich, dann bringt diese Werbung keinen Erfolg, sondern Mißerfolg. Deshalb sind Werbeleute die eifrigsten Gralshüter einer strikten Einhaltung der durch die Werbung veröffentlichten Versprechen. Ich möchte dies an einem Fall aus der Praxis verdeutlichen.

Ein Unternehmen, das seine eigene Werbung im Stich läßt, fügt sich selbst den größten Schaden zu.

Ein großes, modernes Stadthotel, das neben mehreren Kongreßsälen und verschiedenen Restaurants auch über einen Atriumgarten verfügen konnte, beschloß für die Dauer des Sommers, dem saisonbedingten tieferen Umsatz mittels einer Spezialaktion zu begegnen. Die Überlegung war, daß die Menschen in diesen Monaten ihre Ferien vorbereiten oder, von diesen

zurückgekehrt, noch an ihre Ferien denken. Sie möchten dann lieber im Freien sitzen, eine gelöste Stimmung genießen, anstatt in einem vornehmen, eleganten Grill die langen Sommerabende verbringen.
Nun kann man bekanntlich ein Hotel nicht wie einen Wohnwagen herumziehen, um seinen Gästen in die Ferien nachzufolgen. Da also ein Hotel an den einmal gegebenen Ort gebunden ist, beschloß man die Umkehrung, nämlich Ferienstimmung ins Hotel einziehen zu lassen.
Den Grill koppelte man mit dem Atriumgarten und verwandelte das Ganze in ein romantisches italienisches Ristorante.
Selbstverständlich wurde ein Spezialangebot mit speziell populären, leichten und preiswerten italienischen Gerichten ausgearbeitet. Im weiteren engagierte man italienische Tafelmusiker. Es war klar, daß das ad hoc geschaffene «Ristorante Romantica» entsprechend fröhlich und stimmungsvoll zu dekorieren war und daß Kerzen auf den Tischen brennen sollten. Das war nun zweifellos aktives Marketing. Man wollte nicht einfach die Hände in den Schoß legen und warten, bis es wieder Herbst wird. Nein, man studierte den Markt, überlegte sich, was die Leute nun wünschen, man suchte und fand ein unbefriedigtes Bedürfnis und kreierte dafür ein Produkt – das «Ristorante Romantica».

Man fand ein unbefriedigtes Bedürfnis und kreierte dafür ein Produkt.

So stand es im Plan, und so teilte es die Werbung der Öffentlichkeit mit.
Die Inserate erschienen, die Werbebriefe wurden verschickt, die kleinen Plakate angeschlagen und die

Streuzettel verteilt. Natürlich beschrieb die Werbung möglichst eindrücklich das Vorhaben und erwähnte alle im Plan formulierten Maßnahmen. Also war unter anderem zu lesen, daß mittels einer romantischen Dekoration, bunten Lampions und Musik bei Kerzenlicht wahre Ferienstimmung geboten würde.

Es liegt nun in der Natur des Managers, daß er immer ein möglichst gutes finanzielles Resultat erzielen will. Deshalb versucht er immer, die Unkosten möglichst tief zu halten. In diesem Falle war der Restaurantchef, also der Abteilungsmanager, verantwortlich für die Kalkulation aller durch die Aktion bedingten Maßnahmen im Betrieb. Was tat er? Er verzichtete auf die bunte Dekoration, auf die Lampions und auf die Kerzen. Das waren für ihn reine Unkostenfaktoren. Also, so rechnete er kurzsichtig, würde mit deren Einsparung der finanzielle Erfolg der Aktion gesteigert.

Es liegt nun in der Natur des Managers, daß er immer versucht, die Unkosten möglichst tief zu halten.

Für den Abteilungsleiter bedeutet das ein besseres Abschneiden in der Beurteilung seines Wirkens durch übergeordnete Stellen. Den Schaden, den er durch diesen Entschluß dem Unternehmen zufügte, vermochte er von seinem Blickfeld als Abteilungsleiter aus nicht zu erkennen.

Natürlich war es die Werbeabteilung, die sofort einschritt und die Verwirklichung aller Leistungen verlangte. Die nächsthöhere Instanz, in diesem Falle die Hoteldirektion, wurde angesprochen, die dann auch die notwendigen Mittel für die Erbringung der versprochenen Leistungen freigab.

Was wäre in diesem Falle nun passiert, wenn die Werbeabteilung nicht gehandelt hätte?
Die Gäste, animiert durch die Werbung, wären mit der Vorfreude gekommen, einen heiteren Abend in romantischer Ambiance zu erleben. Statt dessen hätten sie einen normalen Grill vorgefunden, ohne Dekoration, ohne Lampions, ohne Kerzen. Sie wären enttäuscht gewesen, hätten wohl etwas konsumiert, wären dann jedoch gegangen, um nicht mehr, oder zumindest für lange Zeit nicht mehr wiederzukommen. Nehmen wir an, die Werbeabteilung hätte nicht kontrolliert und somit erfahren, daß der Restaurantchef am falschen Ort Geld einsparen wollte, was wäre dann wohl weiter passiert? Die enttäuschten Gäste gehen nämlich nicht nur nach Hause, um die Enttäuschung hinunterzuschlucken, sondern sie erzählen den Nachbarn und weiteren Bekannten, wie sie da «hereingelegt» worden seien. Statt eine positive Empfehlung, also positive Mund-zu-Mund-Werbung, läuft eine negative. In der Folge würde die Aktion erlahmen. Ein Erfolg stellt sich nicht ein. Der gleiche Restaurantchef hätte in der Folge die Werbeabteilung angerufen und die dringende Bitte vorgebracht, man solle doch mehr Inserate einschalten. Also das Geld, das er bei der Erbringung der Leistung eingespart hatte, soll nun die Werbung ausgeben. Das spielt für ihn ja auch keine Rolle, weil für die Bewertung seines Wirkens nur seine Schlußabrechnung maßgebend ist. Nehmen wir an, die Werbeabteilung hätte in Verkennung der Situation diesem Wunsch entsprochen, so hätte sie ungewollt den Scha-

Durch zusätzliche Werbung wären noch mehr Leute animiert worden, und die Zahl der Enttäuschten hätte sich vergrößert.

den nur noch vergrößert. Durch zusätzliche Werbung wären noch mehr Leute animiert worden, das «Ristorante Romantica» aufzusuchen, und die Zahl der Enttäuschten hätte sich vergrößert. Die negative Mund-zu-Mund-Werbung hätte sich entsprechend intensiviert. Der Restaurantchef hätte zwar jeden Tag Gäste gehabt, doch alle nur einmal, also immer wieder neue geworbene Gäste. Am Schluß der Aktion hätte er für seine Abteilung sogar ein relativ gutes Resultat vorlegen können. Die Auswirkungen seines Fehlverhaltens jedoch wären erst später spürbar geworden, und sie hätten nicht nur von seiner Abteilung, sondern vom Gesamtbetrieb getragen werden müssen. Da wäre ein Bankett abgesagt worden, dort wären Zimmerbuchungen rückgängig gemacht worden, die Hotelrestaurants hätten einen Rückgang ihrer Umsatzzahlen zu verzeichnen gehabt, und eine nächste Aktion wäre trotz guter Werbung nicht mehr richtig angelaufen.

An diesem Beispiel ist zu erkennen, daß die Werbung von heute sich für das Produkt verantwortlich fühlen und auf das Produkt Einfluß nehmen muß, wenn es die versprochenen Leistungen nicht erbringen will oder kann. Es ist eine gedankenlose Behauptung, die Werbung gebe leere Versprechen ab. Die Werbung weiß nämlich, daß die Anwendung von leeren Versprechungen die schlechteste Werbung ist. Sie wäre im Grunde eine Anti-Werbung.

Das Gesetz der Assoziation

Wenn man nun auch erkennen muß, daß der Vorwurf der leeren Versprechen an die Werbung nicht mehr aufrechterhalten werden kann, da es in der Natur der Werbung selbst liegt, auf die Einhaltung abgegebener Versprechen zu bestehen, um ihren Auftrag erfüllen zu können, so darf man immer noch auf einen weiteren Vorwurf hinweisen, der zu den verbreitetsten Mißverständnissen im Urteil über Werbung gehört. Das ist der Vorwurf der mißbräuchlichen Benutzung von Darstellungen zur Animation für den Kauf eines Produktes, das selbst mit der Darstellung gar nichts zu tun hat. Man könnte folgendes sagen:

Gut, eindeutig abgegebene und formulierte Versprechen werden eingehalten. Oder umgekehrt, es werden nur einhaltbare Versprechen formuliert. Was ist aber mit der Anwendung von optischen und verbalen Signalen, also Bildern und Schlagworten, die ein positives Gefühl aufkommen lassen sollen, ohne daß sie in direktem Bezug mit dem verbundenen Produkt stehen? Das erwähnte Coca-Cola-Inserat ist ein solches Beispiel. Das in die Ferne wandernde Paar auf dem sonnenüberfluteten Sandstrand mag wohl ein zeitgemäßes Bedürfnis treffen und somit die Aufmerksamkeit des Betrachters wecken, aber was hat denn die Szene mit dem Trinken von Coca-Cola zu tun?

Wenn es auch so ist, daß dieses Bild keine naive Traumwelt wiedergibt, sondern eine bessere, objektiv mögliche Wirklichkeit darstellt, so ist doch eindeutig eine Nutzung dieser Darstellung gegeben, um schließlich ganz einfach mehr Coca-Cola zu verkaufen. Der Betrachter assoziiert seine Sympathiegefühle, die ihm durch das Betrachten dieses Bildes aufkommen, mit dem damit in Verbindung abgebildeten oder genannten Produkt. Somit wird er schließlich doch zum Kauf eines Produktes verführt, indem ein Bedürfnis geweckt wird, das das Produkt selbst gar nicht erfüllen kann.

Der Betrachter assoziiert seine Sympathiegefühle mit dem abgebildeten Produkt.

Und diese Form der Werbung begegnet dem Konsumenten täglich auf Schritt und Tritt. Vor allem für Massenkonsumgüter wie Lebensmittel, Autos, Getränke, Zigaretten, kosmetische Artikel, Waschmittel sowie Hobby-, Sport- und Freizeitartikel findet diese Form von Werbung fast durchgehend Anwendung. Nur bei der Werbung für Industrie und Technik oder für Produkte, die sich an ein ganz bestimmtes, eng begrenztes Fachpublikum wenden und zum Teil auch für Dienstleistungsbetriebe ist ein sachlicher, produktbezogener Stil und eine informative Argumentation zu beobachten.

Es stimmt, die Werbung für Massenkonsumgüter arbeitet assoziativ und wird es, so ist zu hoffen, auch noch möglichst lange tun.

Der Vorwurf, daß die Werbung assoziativ arbeitet, deutet in der Tat auf eine wichtige Methode der Werbung hin, nur ist nicht einzusehen, warum diese verwerflich sein soll. Hier wird eine Tatsache, die nur festzustellen wäre, zum Vorwurf erhoben.

Das Beispiel des Coca-Cola-Inserates eignet sich sehr gut als Fallstudie über die assoziative Werbung. Es gilt nun, einen schwerwiegenden Vorwurf auf das zu reduzieren, was es eigentlich ist, nämlich eine interessante, aber im Grunde sehr natürliche und sehr einfache Form der Werbung, die auf ein uraltes Phänomen menschlichen Verhaltens zurückgeht.

Assoziation ist eine Vorstellungsverknüpfung. Indem verschiedene Vorstellungen in Bezug zueinander gebracht werden, entsteht eine Spannung, aus der eine neue Vorstellung geboren wird. Indem man verschiedene Vorstellungen zueinander in Bezug bringt, und das geschieht immer durch Darstellung, fordert man das Vorstellungsvermögen, also die Phantasie des Betrachters heraus und reizt ihn zum Widerspruch, um seine Zustimmung zu erwirken. Wahrlich verblüffend! Assoziatives Wirken reizt zum Widerspruch, weil durch die Spannung der Vorstellungsverknüpfung ein Denkanstoß gegeben wird. Die Darstellung eines starken Kontrastes, und das ist assoziatives Wirken, schafft Spannung, stört die Geschlossenheit der Wahrnehmung und löst als Reaktion den Willen zur Überwindung dieser Störung aus. Eine Störung überwinden zu wollen, bedeutet gleichzeitig, ihr zu widersprechen. Um nun eine Überwindung realisieren zu können, muß aber eine Alternative geschaffen werden. Die Alternative kann aber der Empfänger eines starken Kontrastes nur selbst realisieren. Eine Alternative muß logischerweise wichtige Teile aller Elemente des Kontrastes miteinschließen. Da die Alternative des Kontrastes der Empfänger mit den Elementen des Kontrastes selbst geschaffen hat, kann und

Die Darstellung eines Kontrastes löst den Willen zur Überwindung dieser Störung aus.

will er seiner Alternativvorstellung nun seine Zustimmung geben.
Man könnte in diesem Zusammenhang von einem Gesetz der Assoziation im menschlichen Verhalten sprechen. Nun hat aber nicht die Werbung das Verdienst, dieses Gesetz erfunden zu haben. Dieses Gesetz ist so alt wie die Kulturgeschichte der Menschheit schlechthin.
Assoziatives Wirken war schon immer die Tat, die den Menschen zum Weiterdenken und in der Folge zum Weiterhandeln trieb. Wann immer einem bestehenden Zustand ein Kontrast gegenübergestellt wurde, setzte sich der Mensch beziehungsweise die Gesellschaft in Bewegung. Vorstellungen wurden verknüpft mit dem Ziel, alternative Vorstellungen entstehen und Wirklichkeit werden zu lassen.
Denken wir an die Maske des Medizinmannes, an die Krone des Königs oder an den Schmuck des Feldherrn, denken wir auch an die kunstvolle Ausstattung der Villa des römischen Senators, an die drohende, wuchtige Form mittelalterlicher Burgen, an die verspielten Schlösser des späten Adels oder an die eindrucksvollen Altäre der Kirchen – immer begegnen wir starken Darstellungen, die im Kontrast zum zeitbedingten Allgemeinen standen, zu den ungeschmückten Köpfen, zu den ungeschützten Häusern oder zu den armseligen Hütten.
Der Zweck all dieser Symbole war nicht nur, soziale Unterschiede auszudrücken. Sinn und Zweck dieser Symbole lagen immer schon viel tiefer. Es ging jeweils darum, bestimmte gesellschaftliche Verhältnisse so stark zu kontrastieren, also sichtbar zu machen, daß über die dadurch entstandene assoziative Reaktion, über den Reiz des Widerspruchs die Zustimmung

möglichst vieler Beteiligter erwirkt werden konnte.

Kein kluger König – und ein König, der die Wirksamkeit starker Symbole erkannt hatte, denn diese ersetzten die brachiale Gewalt, war ein kluger König – wollte Untertanen, die er ständig kontrollieren und unterdrücken mußte. Vielmehr wollte er Untertanen, die ihm zustimmten. Mit seiner Krone, seinen Schlössern und seinen Burgen sowie anderen Symbolen verdeutlichte er seine Stellung als König. Ja, er ließ diese drastisch sichtbar werden. Damit gestaltete er den Kontrast zum Untertanen. Wie hätte nun die assoziative Reaktion dieses Untertanen sein können? Durch die Kraft der Symbole wurde ihm eindeutig klar, daß es einen König gab und daß er keiner war. Die Verdeutlichung des Unterschiedes, also der Kontrast, reizt auf zum Widerspruch. Er beginnt, über seine Situation nachzudenken.

Der Zweck all dieser Symbole war, über den Reiz des Widerspruchs die Zustimmung zu erwirken.

Da er zu denken beginnt, versucht er alle Elemente des Widerspruchs, also auch die Situation des Königs, in seine Überlegung miteinzubeziehen. Er wird entdecken, daß der König nicht nur ein König über ihn, sondern auch ein König für ihn sein kann. Er wird entdecken, daß der König auch auf ihn angewiesen ist. Er braucht seine Abgaben, ja er braucht seinen Willen, um im Kriegsfall für ihn, den König, zu kämpfen. Da aber der König einen höheren Einfluß hat als der Untertan, das heißt über viele Untertanen herrscht, ist er zugleich der Stärkere und besser in der Lage, des einzelnen Untertanen Weib, Kinder und Hof vor fremden Eindringlingen zu schützen. Der Untertan entwickelt nun eine Vorstellung im Sinne der Alternative des Kontrastes, die beide Ansprüche, nämlich die des Königs und die seinigen, zu befriedigen vermag. Angereizt durch die Symbole hat er über den Prozeß des Widerspruchs seine Zustimmung zum bestehenden Zustand gefunden. Er hat Frieden mit sich und der Welt schließen können. Da ihm die Symbole geholfen haben, sich nicht nur die Stellung des Königs, sondern auch seine eigene klarer bewußtzumachen und er dieses Bewußtwerden durch das Finden seiner Alternative selbst wieder überwinden konnte, haben ihm diese Symbole letztlich auch geholfen, sich nicht mehr als beziehungsloser Untertan fühlen zu müssen.

Zur Zustimmung kommt bald die Dankbarkeit. Bleibt nun dieser Zustand bestehen und löst er sich zum Beispiel durch das Herantreten neuer Kontraste nicht mehr auf, so kann sich diese Haltung bis zur Anbetung verdichten.

Das assoziative Wirken ist eines der ältesten Mittel der Menschheit zur Integration. Es ermöglichte an Stelle der primitiveren Form der Unterwerfung die schon positivere, der Zustimmung in einem gesellschaftlichen Einigungsprozeß. Assoziatives Wirken ersetzte Schwert und Henkerbeil. Es war das erste gesellschaftspolitische Verhalten, das an das Denkvermögen aller Gesellschaftsangehöriger appellierte und dieses somit auch voraussetzte. Da es die Zustimmung an Stelle der Unterwerfung setzte, schuf es auch die ersten Freiräume für das Entstehen neuer Assoziationen, die immer wieder neue Schritte zur gesellschaftlichen Entwicklung einleiteten.

Das assoziative Wirken ist eines der ältesten Mittel der Menschheit zur Integration.

Assoziatives Wirken an sich ist noch nicht Werbung, doch sind darin die Wurzeln moderner Werbung zu suchen und zu finden. In ihr liegen aber auch Ursprünge modernen Wirkens und Denkens schlechthin. Es war die entscheidende Triebkraft, die theoretisches und gesellschaftliches Denken wie Handeln in immer größerem Maße vorwärtstrieb. Im assoziativen Wirken liegen Ursprünge der atemberaubenden Erfolge der Menschheit des 20. und des anbrechenden 21. Jahrhunderts begründet.

Im assoziativen Wirken liegen Ursprünge der atemberaubenden Erfolge der Menschheit.

Werbung, die den tieferen Sinn der Assoziation nicht erfassen würde, könnte ihre Funktion nicht voll erfüllen. Kommen wir jetzt wieder auf das Coca-Cola-Inserat zurück. Erinnern wir uns der Kontraste. Das wandernde Menschenpaar auf dem sonnenüberfluteten Sandstrand ist das eine Kontrastelement und das dazu abgebildete Produkt das andere. Der Sandstrand mit dem Paar spricht ein echtes zeitgemäßes Bedürfnis an und ist ein in sich geschlossenes Bild. Das dazu abgebildete Coca-Cola stört dieses Bild.

Noch nicht genug. Auch die Umkehrung trifft zu. Das Coca-Cola spricht ebenfalls ein Bedürfnis an, nämlich zu trinken, den Durst zu löschen und im weiteren, in Ansprache an die Liebhaber von Coca-Cola, das ebenfalls existierende Bedürfnis, den Durst mit Coca-Cola zu löschen. Der sonnenüberflutete Sandstrand mit dem Menschenpaar stört nun das Bild des Coca-Cola ebenso. Die Störung ist da, der Widerspruch erregt, das Gesetz der Assoziation beginnt zu wirken. Der Betrachter sucht nun die Alternative, und die wäre, von beidem

etwas zu haben beziehungsweise zu tun. Nämlich Coca-Cola zu trinken und in Partnerschaft einsame sonnenüberflutete Sandstrände zu durchwandern.
Sollte er zufälligerweise beides schon tun, würde ihn dieses Inserat nicht mehr zum Widerspruch reizen und somit zu keiner Alternative führen, sondern es wäre eine Bestätigung eines Zustandes und dadurch wieder eine in sich geschlossene Wahrnehmung.
Es ist jedoch anzunehmen, daß die überwiegende Mehrheit der Betrachter nur eine der beiden Darstellungen gleichzeitig nutzt und die noch verbleibende Minderheit schließlich keine von beiden. Jetzt stellt sich die Frage: An wen richtet sich eigentlich diese Werbung?
In erster Linie an die Coca-Cola-Trinker. Zum anderen an die noch nicht Coca-Cola-Trinker.
Eines wird immer wieder übersehen: Werbung für Massenkonsumgüter muß von der Situation ausgehen, daß diese Güter bereits auf dem Markt sind und häufig einen großen Marktanteil besitzen.
Primär ist die Erhaltung des Marktanteiles und sekundär die Ausweitung. Die Erhaltung des Marktanteiles ist die Voraussetzung für eine verantwortbare Ausweitung.
Es würde wenig nützen, die fernen Spitzberge zu erobern, wenn indessen die Gegner das eigene Land besetzen könnten.
Einen Marktanteil im lebendigen Wandel der Gesellschaft, im Wandel der Aktionen und Aktivitäten der Konkurrenz, im Wandel der Gewohnheiten und Einstellungen der Menschen, im Wandel der Generationen und im Wandel der sozialen Beziehungen zu erhalten, ist an sich schon ein Erfolg. Die Verminderung des Marktanteiles eines Massenkonsumartikels

um wenige Prozente, ja Promille, ist beinahe schon eine Katastrophe für das Unternehmen. Absichern, erhalten und dazugewinnen ist die Parole.
Wenn wir uns darüber im klaren sind, dann bekommt die Interpretation unseres Coca-Cola-Inserates auf einmal eine neue Bedeutung. Es geht nicht darum, primär zum Trinken von Coca-Cola zu animieren, das ist die sekundäre Aufgabe, sondern vielmehr das Trinken von Coca-Cola zu bestätigen! Die Coca-Cola-Trinker sollen in ihrer Haltung bestärkt werden. Das Ziel ist, ihre Treue zum Produkt zu erhalten. Dazu kommt, daß in diesem Fall Coca-Cola-Kunden immer die besten Werber für neue sind.

Es geht darum, das Trinken von Coca-Cola zu bestätigen!

Der Mensch ist kein Einsiedler. Er ist ein soziales Wesen. Mensch unter Menschen. Jeder, der Coca-Cola trinkt, zeigt Markentreue zu diesem Produkt und ist damit Promoter zum Konsum dieses Produktes.
Angenommen: Eine fünfköpfige Ausflugsgruppe möchte ein Erfrischungsgetränk einnehmen – und drei Personen davon sind Coca-Cola-Trinker. Es wird in diesem Fall nicht schwer sein, auch die zwei anderen vom Wert dieses Getränks zu überzeugen. Die Wertung des augenblicklichen Konsums ist überzeugender als langfristige Produktwerbung. Aus diesem Grunde richtet sich Werbung für Massenkonsumgüter in erster Linie an bestehende Kundschaft. Ihre Absicht ist, nicht nur hinzuführen, sondern zu bestätigen. Der Coca-Cola-Trinker soll sich mit dem Produkt Coca-Cola (hinter einem Produkt steht ein Unternehmen) identifizieren können. Er kann das besser, wenn das Produkt sich nicht nur in profaner Selbstdarstellung in Erinnerung ruft, sondern sich dazu mit einer weiteren, angeneh-

men Darstellung in Verbindung setzt, die einen Zusatznutzen ausdrückt.

Wenn man das Gesetz der Assoziation zur Anwendung bringt, kann aufgrund eines Coca-Cola-Inserates folgendes geschehen: Ist jemand noch kein Coca-Cola-Trinker und bestärkt das Anliegen nach Partnerschaft und Natur auch bei ihm einen inneren Wunsch, so löst er die assoziative Spannung dadurch, daß er für Coca-Cola zumindest Sympathien entwickelt. Er entdeckt und anerkennt die kleine Zusatzleistung, die mit diesem Inserat erbracht wird.

Je mehr diese Zusatzleistung ein aktuelles Anliegen zu treffen vermag, desto mehr Sympathie wird es ernten. Und Sympathie ist eine Form der Zustimmung. Wohlgemerkt, nicht das Tafelgetränk an sich erhält die Zustimmung, sondern Coca-Cola über seine Werbung als Unternehmen. Die Zustimmung erfolgt gerade deshalb, weil es als Unternehmen bewiesen hat, daß es an die Anliegen seiner Kunden denkt. Es hat zusätzliche Leistung erbracht.

Je mehr diese Zusatzleistung ein aktuelles Anliegen zu treffen vermag, desto mehr Sympathie wird es ernten.

Sollte der «Umworbene» schon ein Coca-Cola-Trinker sein, dann wird die Darstellung der Natur ihm sein inneres Engagement zum Produkt vorerst bestätigen.

Wie aber löst er die eintretende assoziative Spannung? Er muß sich nicht mehr mit dem Produkt, sondern mit dem abgebildeten Sandstrand und der Darstellung der Partnerschaft auseinandersetzen. Um die Störung zu überwinden und sich somit mit ihr zu versöhnen, wird er versuchen, sie zumindest teilweise zu realisieren. Es ist «sein» Produkt, das ihn ermuntert, bessere Partnerschaft mehr in der Natur zu leben. Die Schlußfolgerung daraus ist, da sich das Inserat ja vor allem an die bestehende Kundschaft wendet, daß es im Grunde genommen nicht nur für Coca-Cola an sich, sondern tatsächlich für Partnerschaft und für die Natur wirbt!

Da der Mensch aber das Leben nicht nur denken, sondern leben möchte, will er auch seiner Dankbarkeit Ausdruck verleihen.

Immer wieder schlägt nun Zustimmung in Dankbarkeit um. Dies um so mehr, als die dargestellten Anliegen verwirklicht werden können. Und verwirklicht durch die angesprochenen Menschen selbst, nicht durch das werbende Unternehmen.

Da der Mensch aber das Leben nicht nur denken, sondern leben möchte, will er auch seiner Dankbarkeit Ausdruck verleihen. Wie kann er das? Indem er wieder ein Coca-Cola kauft. So einfach ist das!

Der Kunde wird dem Unternehmen die erteilten Präferenzen weiterhin nicht entziehen. Präferenzen sind bekanntlich Bevorzugungen. Wenn gleichwertige Produkte vorliegen, dann kann eben die Bevorzugung nur durch die Erbringung von zusätzlichen Leistungen erwirkt werden. Wenn es an sich kein großer Unterschied ist, ob jemand Coca-Cola, Pepsi-Cola oder Vivi-Cola trinkt, und zwar weder in der Frage der Produktqualität noch des Preises, dann wird man das Produkt bevorzugen, das mehr Phantasie zeigt, das mehr Engagement gegenüber dem Käufer beweist, das ihm mehr Lebenshilfe gibt und somit sympathischer ist. Es ist selbstverständlich in erster Linie eine Aufgabe der Werbung, die hier angesprochen ist. Je mehr ein Produkt im Markt verankert ist, je mehr die bestehende Kundschaft angesprochen wird, um so mehr wird sich die Werbung etwas einfallen lassen müssen in der Entdeckung und Darstellung weiterer Anliegen, die zu verwirklichen das Leben schöner machen.

Nun ist auch die Antwort gegeben, was das Bild des in die Ferne wandernden Paares auf dem sonnenüberfluteten Sandstrand mit dem Trinken von Coca-Cola zu tun hat. Nämlich gar nichts – außer, daß der Betrachter nun weiß, wer die Idee hatte, dieses Bild zu entwerfen und zu veröffentlichen. Wer es gewesen ist, der dieses Anliegen entdeckt und angesprochen hat. Wer es gewesen ist, der einen bestimmten Lebensstil und eine bestimmte Lebensphilosophie sichtbar und somit verwirklichbar hat werden lassen. Er weiß nun, daß Coca-Cola sich als Unternehmen hinter diesen Lebensstil und diese Philosophie stellt und sich mit dem Anliegen nach Partnerschaft und der Liebe zur Natur identifiziert und somit einen Beitrag für ein schöneres und tieferes Leben geleistet hat.

Er weiß nun, daß Coca-Cola als Unternehmen einen Beitrag für ein schöneres Leben geleistet hat.

Natürlich hofft Coca-Cola, daß man dem Unternehmen diese Leistung honoriere, indem man seinem Produkt weiterhin die Treue hält. Für das Produkt selbst braucht man nicht mehr zu werben. Es ist genügend bekannt und seine Qualität durch die starke Marktstellung an sich schon bewiesen. Deshalb wirbt Coca-Cola bei diesem Beispiel nicht mehr für das Produkt an sich, sondern für einen neuen Lebensstil, mit dem es sich als Unternehmen identifiziert, damit man sich weiterhin mit dem Unternehmen identifizieren kann,

damit man weiterhin dem Unternehmen die Treue hält und sein Produkt konsumiert und weiter empfiehlt.
Je stärker ein Produkt im Markt vertreten ist, um so größer sind die Freiräume für assoziatives Wirken in der Werbung. Eine Zigarettenmarke wie Marlboro kann es sich leisten, mit den produktfernen Begriffen wie Abenteuer und Freiheit zu werben. Eine Zigarettenmarke, die noch nicht auf dem Markt eingeführt ist oder eine sehr schwache Marktstellung hat, ist da viel weniger frei. Deren Werbung wird eher mitteilen, daß die Zigarette leicht sei, einen neuartigen Filter habe oder ähnliche Produktinformationen wiedergeben. Die Graphik wird sich fast nur auf die Darstellung der Packung reduzieren. Eine starke Marke wird umgekehrt unter Umständen sogar auf das Abbilden der Packung vollständig verzichten. Nicht mehr um das Produkt wird geworben, sondern um eine bessere mögliche Interpretation des Lebens. Nicht mehr das Produkt ist die Speerspitze der Werbung, sondern der originell vorgebrachte Appell zur immer wieder neuen Interpretation des Lebens. Zum immer wieder neuen Entdecken von Bedürfnissen und zu deren Erfüllung durch eigene Aktivität.

Eine starke Marke wird sogar auf das Abbilden der Packung verzichten.

Die Massenkonsumgüter haben von ihrer Marktstellung und den dadurch realisierten materiellen Möglichkeiten her die stärkste, ja zwingendste Voraussetzung zur Erbringung assoziativer Werbung. Sie leisten damit einen wesentlichen Beitrag zur Entwicklung der Gesellschaft. Sie stoßen immer wieder neue Freiräume auf, die den Menschen zu neuem Denken und neuem Handeln ermutigen. Sie schaffen zugleich über das

Gesetz der Assoziation gegenseitige Identifikation und sind somit eine entscheidende Triebkraft der Integration zwischen gesellschaftlichen Schichten, Gruppen und Institutionen. Sie schaffen Alternativen, die immer wieder nach neuen rufen. Sie appellieren an die Kreativität des Menschen und ermutigen ihn, sich mit den Möglichkeiten des Lebens auseinanderzusetzen, und zwar mit Möglichkeiten, die er persönlich erleben und realisieren kann. Assoziative Werbung lotet immer wieder neue Möglichkeiten von Bedürfnissen und deren Darstellung aus. Sie löst alle Leitbilder auf, wenn sie zu erstarren beginnen.

Die Werbung von heute hat längst versnobte Heilsreklame hinter sich gelassen. Alle Menschen, alle Typen, ob schlank oder dick, ob abenteuerlich oder intellektuell, sind mögliche Leitbilder der Werbung geworden. Die Werbung korrigiert Verhalten und Ansichten der Gegenwart immer wieder aufs neue, indem sie neue Ansprüche an die Zukunft stellt. An eine Zukunft allerdings, die gerade vor der Türe liegt, die verwirklichbar ist.

Die Werbung korrigiert Verhalten und Ansichten der Gegenwart.

Würden zum Beispiel in einer bestimmten Zeit sich alle Menschen an einsamen Stränden verlieren und würde der gesellschaftliche Kontakt so verarmen, daß ein echtes Bedürfnis danach festzustellen wäre, so dürfte man eine umgekehrte Darstellung des beschriebenen Coca-Cola-Inserates erwarten. Anstelle eines in die Ferne wandernden Paares an dem sonnenüberfluteten Strand wäre vielleicht eine heitere Szene mit vielen fröhlichen Menschen um einen Swimmingpool dargestellt. Also der umgekehrte Appell. Die Leistung der Werbung ist, die Gesellschaft vor Erstarrung zu schützen oder sie davon zu befreien, damit sie sich weiterentwickle. Das ist ihr Dienst an der Gesellschaft. Darum ist es die Werbung, die den tieferen Sinn der Assoziation erfaßt hat und sie immer wieder aufs neue funktionieren läßt.

Die Massenkonsum- und Produktionsgesellschaft

Der Vorwurf, die Werbung wolle mit dem Vorgaukeln einer heilen Traumwelt ihre Produkte an den Mann bringen, ist nicht begründet. Genau das Gegenteil ist der Fall. Unsere moderne Massenkonsum-Produktionsgesellschaft kann nicht existieren, wenn ihre Mitglieder Analphabeten sind. Die Werbeleute wissen, daß die Menschen heute über einen hohen Bildungsgrad verfügen. Der Massenkonsum beschränkt sich nicht nur auf materielle Güter. In keiner Epoche der Menschheit wurden so viele Kulturgüter produziert und konsumiert wie heute. Noch nie wurden so viele Bücher geschrieben und gedruckt. Noch nie wurde so viel Musik interpretiert, produziert und gehört. Noch nie wurde so viel Kunst in alten oder modernen Techniken gestaltet und genossen. Noch nie gab es so starke, allumfassende Kommunikationsmedien. Denken wir doch nur einmal an die gewaltigen Produktionen der heutigen Verlage, der Schallplatten- und Tonbandkassetten-Industrie, der Filmindustrie, der förmlich aus dem Boden schießenden Kulturinstitutionen wie Kleintheater, Jungfilmfestivals, Begegnungs- und Kulturzentren, Galerien, Musik- und Tanzschulen, Freizeitzentren und viele weitere mehr. Da können wir uns nicht mehr der Einsicht verschließen, daß heute ein Massenkonsum ebenso an

Der Massenkonsum beschränkt sich nicht nur auf materielle Güter.

geistigen Gütern getätigt wird wie an materiellen. Massenkonsum bedingt aber auch Massenproduktion. Es gilt nicht nur zu vervielfältigen, es gilt auch zu produzieren. Massenkonsum ruft förmlich nach Massenproduktion. Wer heute von Konsumgesellschaft in abwertendem Sinne spricht, vergißt, daß eine Konsumgesellschaft in gleichem Maße eine Produktionsgesellschaft ist. Und eine Produktionsgesellschaft setzt eine intelligente Gesellschaft voraus und entwickelt sie stoßweise, im Rhythmus der Produktionssteigerungen, zur noch intelligenteren. Der Mensch hat Gehirn, Herz und Magen. Es kann gar keinen Massenkonsum an nur materiellen Gütern geben. Jeder Massenkonsum erheischt die Befriedigung sämtlicher Bedürfnisse. Jeder Massenkonsum entwickelt an sich den Konsum von materiellen und geistigen Gütern. Und Konsum setzt Produktion voraus, also auch die massenhafte Produktion von geistigen Gütern. Die allumfassende Massenkonsumgesellschaft ist wohl die höchstentwickelte Gesellschaft, die die Menschheit bis jetzt hervorgebracht hat. Dort, wo in unserem Jahrhundert die Produktion an geistigen Gütern eingeschränkt worden ist, konnte dies nur mit Hilfe eines Diktaturregimes durchgeführt werden. Und dort wurde ja bekanntlich die Werbung in der Freiheit ihrer Ausdrucksmittel eingeschränkt.

Werbung, die aber nicht frei ist degeneriert zu einem Hilfsmittel der Propaganda.

Es ist undenkbar, daß in Nazi-Deutschland die Werbung für irgendein harmloses Produkt des täglichen Bedarfs Menschen und Situationen hätte darstellen dürfen, die der Pseudoideologie deutschen Heldentums und Rassenwahns widersprochen hätte.

Werbung, die aber nicht frei ist in ihrer Ausdruckswahl, degeneriert zu einem Hilfsmittel der Propaganda. Sie wird zurückversetzt auf die Stufe der einfachen Reklame, der Einbahnstraße. Und einfache Reklame ist nicht mehr Werbung. Werbung ist die Ausdrucksform der allumfassenden Massenkonsum- und Produktionsgesellschaft.

Wo nicht mehr geworben werden darf, sondern nur noch einfache Reklame im Schlepptau der Propaganda zugelassen ist, da existiert auch keine allumfassende Massenkonsum- und Produktionsgesellschaft. Präzisieren wir noch einmal: Jegliche Art von Werbung schließt den Konsum und die Produktion von geistigen Gütern mit ein!

Nach diesen Feststellungen können wir an die Beantwortung von zwei weiteren, meist gedankenlos vorgebrachten Vorwürfen an die Werbung beziehungsweise an die eigene Gesellschaft gehen.

Zuerst ist es haarsträubend naiv zu glauben, die Werbeleute gingen davon aus, daß wir uns noch in einer Analphabetengesellschaft befänden. Die Werbeleute sind es doch gerade, die, bedingt durch ihren Beruf, nur zu genau wissen, in was für einer intelligenten Gesellschaft wir heute leben. Sie können gar nicht eine verdummende Heilsreklame produzieren, da eine solche, von der intelligenten Gesellschaft schnell durchschaut, keinen Erfolg mehr bringen würde.

Werbung richtet sich immer nach den Bedürfnissen, in erster Linie nach den geistigen der Umworbenen, widerspiegelt diese und konfrontiert sie mit den daraus erwachsenden, durch kreatives Arbeiten frühzeitig erkannten neuen Bedürfnissen.

Werbung schafft also keine verdummende Heils- und

Traumwelt, sondern das Gegenteil. Mittels Befragung, Beobachtung und schöpferischen Einfühlungsvermögens erfaßt sie zunächst einmal die konkrete Gegenwart, geht von dieser aus und stößt die nächste Tür auf. Die nächste Tür zur Gegenwart von morgen. Und diese ist nur glaubwürdig, wenn sie als erlebbar dargestellt wird.

Werbung schafft keine verdummende Heils- und Traumwelt, sondern das Gegenteil.

Werbung greift nicht nach den Sternen, sondern zum Türöffner von morgen. Und die Türe zum Morgen einer dynamisch sich entwickelnden allumfassenden Konsum- und Produktionsgesellschaft kann nicht Verdummung sein. Werbung, die verdummen wollte, würde ihren Auftrag nicht erfüllen. Alleine die Steigerung der Kreativität, also der Intellektualisierung der Gesellschaft, führt in unserer Zeit vom Heute zum Morgen. Nur wer so denkt, kann den Türöffner zum Morgen finden.

Werbung von heute kann gar nicht verdummen, sie muß sensibilisieren und intellektualisieren. Sie muß das Heute zum Widerspruch reizen, um das Morgen zu ermöglichen. Sie muß an den Menschen als Ganzes appellieren, an seine Gefühle und an seine Intelligenz. Die Werbung von heute wird zum Schrittmacher allumfassender Steigerung, also auch der intellektuellen. Im weiteren ist der zweite oben angesprochene Vorwurf zu beantworten, nämlich der des Verführers zur grenzenlosen Konsumwut.

Selbstverständlich trägt jede Entwicklung die Gefahr von Übersteigerungen in sich. Die Frage ist nur, ob diese erkannt und korrigiert werden oder nicht.

Wenn unsere moderne Massenkonsum- und Produktionsgesellschaft sich erhalten will (und erhalten kann sie sich nur, wenn sie sich ihrer eigenen Weiterentwicklung nicht selber verschließt), dann muß sie krankhafte Übersteigerungen erfassen und korrigieren können.

Alleine die Steigerung der Intellektualisierung der Gesellschaft, führt vom Heute zum Morgen.

Nun ist es die Marketingabteilung eines Unternehmens, die den Auftrag hat, den Markt auszuloten und den Kurs zu bestimmen. Die von ihr formulierte Marketingpolitik ist zugleich Auftrag an die Werbung. Es ist also wiederum die Werbung in ihrer Funktion als Mittler zum Markt, die Korrekturen wahrzunehmen und zu realisieren hat.

Das Hinführen zur grenzenlosen Konsumwut wäre ein Hinführen zur krankhaften Steigerung, also Übersteigerung einer Entwicklung, die langfristig den Bestand eines Unternehmens gefährden würde – und im ganzen gesehen die Massenkonsum- und Produktionsgesellschaft. Warum?

Die Übersteigerung des Konsumverhaltens würde eine Überbelastung der Produktionskapazität nach sich ziehen. Das Gleichgewicht zwischen Konsum und Produktion wäre gestört, die Nachfrage könnte nicht mehr befriedigt werden, würde als Folge davon schliesslich ganz ausfallen und die in dialektischer Wechselwirkung inzwischen hektisch gesteigerte Produktion im Stich lassen. Die Folge wäre konsequenterweise der Zusammenbruch der Produktion. Der Zusammenbruch der Produktion aber wäre das Ende der Massenkonsum- und Produktionsgesellschaft.

Nun sei einmal aller oberflächlichen Kritik an der Werbung ins Stammbuch geschrieben: Die Werbung ist nicht nur ein Mittel der Markterhaltung und der

> **Die Werbung ist ebensogut ein Mittel der Marktkorrektur.**

Marktausweitung, sondern sie ist ebensogut ein Mittel der Marktkorrektur. Und zwar der laufenden Korrektur, um das Gleichgewicht zwischen Konsum und Produktion zu erhalten.

Wie aber vollzieht die Werbung die notwendigen Korrekturen? Indem sie das Gewicht ihres Einsatzes je nach den aktuellen Marktbedürfnissen (der Aufnahmefähigkeit des Marktes) und den vorhandenen Möglichkeiten (der Produktionskapazität) laufend verlagert.

Ist ein Teil des Marktes gesättigt oder umgekehrt die Grenze der Produktionskapazität für diesen Markt erreicht, so vermindert sie dort ihr Erscheinen oder zieht sich ganz zurück, um auf einem anderen noch nicht gesättigten Teil des Marktes verstärkt in Erscheinung zu treten. Damit hilft sie ganz entscheidend, das Marktgeschehen zu regulieren.

Aufgrund einer schriftlich formulierten Marketingpolitik, eines sogenannten Marketingplanes, wird ein Werbekonzept ausgearbeitet. In diesem ist die Wahl der Mittel, also der Medien, und deren lokale wie zeitliche Konzentration genauso wichtig wie die Botschaft und die zu wählende Form des Ausdruckes. Es geht zum Beispiel nicht nur darum, ein Inserat zu entwerfen, sondern ebenso vorzuschlagen, wo und wann dieses Inserat erscheinen soll, und zudem noch zu begründen, warum. Werbung muss gezielt wirken, wenn es den differenzierten Verpflichtungen und Interessen eines Unternehmens dienen will. Die Erhaltung des Gleichgewichts von Konsum und Produktion, also die Marktregulierung, ist in dieser Aufgabe mit eingeschlossen.

Im weiteren kostet Werbung Geld. Niemand gibt gerne Geld aus, wenn er nicht muß. Auch ein Unternehmer nicht.

Kein Unternehmen kann es sich leisten, blindwütig ins Blaue hinauszuwerben. Jedes Unternehmen überlegt sehr genau, für was, wo und wann geworben werden soll, wann und wo Werbung zu konzentrieren oder abzuschwächen ist. Durch die Gewichtung der Werbung wird auf den Markt ausgleichend eingewirkt. Werbung hilft, Fehlentwicklungen zu mildern, die das moderne Wirtschaftssystem in die Krise führen könnten. Der Vorwurf der Förderung grenzenloser Konsumwut kann ebenfalls nicht mehr aufrechterhalten werden. Das einzige, was in diesem Zusammenhang noch zu sagen wäre, ist, daß offenbar viele Kritiker zwischen Konsumwut und der Befriedigung fortschreitender Konsumbedüfnisse nicht so recht zu unterscheiden vermögen.

Werbung hilft, Fehlentwicklungen zu mildern, die das moderne Wirtschaftssystem in die Krise führen könnten.

Es ist doch vorerst einmal an sich eine phantastische Errungenschaft unserer Zeit, daß es gelungen ist, die Armut in den Industrieländern abzuschaffen oder weitgehend zu lindern. Jawohl, es ist eine Errungenschaft, daß in den Ländern der modernen Massenkonsum- und Produktionsgesellschaft die überwiegende Mehrheit der Menschen über Güter verfügt oder solche konsumieren kann, von denen ihre Großväter nicht einmal zu träumen wagten.

Es war nie die Meinung der großen Sozialkritiker, daß die Ungerechtigkeit dadurch aus der Welt zu schaffen sei, daß die Reichen auch wieder arm würden, sondern umgekehrt. Sie wollten Systeme ändern, einen Ausgleich schaffen mit dem Ziel, möglichst alle Mitglieder der Gesellschaft, auch die Armen, möglichst reich werden zu lassen. Reich an materiellen wie an geistigen Gütern. Wie das geschehen soll oder kann, nur darüber wurde gestritten.

Es ist nicht die Aufgabe dieses Buches, sich über die einzelnen Theorien und Methoden zu äußern. Aber es geht an dieser Stelle darum, allem überheblichen Nasenrümpfen über die sogenannte Konsumgesellschaft eine grundlegende Tatsache gegenüberzustellen. Eine Ausgangslage wieder vor Augen zu führen, die Voraussetzung jeder modernen Entwicklung war.

Im Wettstreit der heute aktuellen Gesellschaftssysteme geht es letztlich nicht darum, welches System die ärmere Gesellschaft schaffe, sondern die reichere. Und zwar die allumfassende, also auch an geistigen Gütern und Fähigkeiten reichere!

Nun ist es doch selbstverständlich, daß es immer zuerst galt, die materielle Not zu lindern.

Wenn jemand am Verhungern ist, nützt es wenig, ihm statt Brot und Milch ein Buch über Ästhetik zu schenken. Das Herz kann den Magen nicht übersehen, wenn es dem Gehirn dienen will.

Waren es nicht gerade die Sozialbewegungen unserer Großväter, auch die der politischen Linken, die stets höhere Löhne, materielle Gerechtigkeit und Abschaffung der Not verlangten?

Warum rümpfen denn jetzt ihre Enkel über das Erreichte die Nase? Haben sie vollständig vergessen, daß sogar das Entstehen geistiger Bedürfnisse die Befriedigung materieller voraussetzt?

Natürlich ist eine Wechselwirkung da. Aber zuerst kommt der Magen (symbolisch gesprochen für den ganzen Körper). Ein verhungerter oder von Krankheiten dahingeraffter Mensch kann nicht mehr denken. Es ging bei uns, und in großen Teilen der heutigen Welt geht es immer noch primär darum, möglichst allen Menschen Speis und Trank, Tisch und Stuhl und Bett zu garantieren. Es folgten und folgen das Badezimmer, die Zahnbürste, das Fahrrad, das Motorrad, der Kühlschrank, das Auto, das Rundfunkgerät, das Telefon, der Fernseher und der Urlaub.

Daß heute Hunderte Millionen von Menschen bei höherem Lebensstandard über doppelt soviel Freizeit wie ihre Großväter verfügen, ist doch an sich schon eine großartige Leistung. Wenn heute Dutzende Millionen von Menschen jährlich in den Urlaub fahren können, so dürfen wir nicht vergessen, daß ihre Großväter nicht einmal das Wort Urlaub kannten. Noch mehr, waren nicht gerade die Sozialbewegungen des 19. und 20. Jahrhunderts, also auch die der Linken, durch ihr Wirken weitgehend an der Entstehung unserer modernen Massenkonsum- und Produktionsgesellschaft mitbeteiligt? Waren nicht auch sie Geburtshelfer des Massenkonsums? Das Wort Fortschritt hat nicht mit Stillstand, sondern mit Fortschreiten zu tun.

Daß heute Millionen von Menschen über doppelt soviel Freizeit wie ihre Großväter verfügen, ist eine großartige Leistung.

Es ist fortschrittlich, wenn der Konsum von Gütern das Bedürfnis nach neuen Gütern hervorruft. Wer Photo- und Schmalfilmkameras produziert und dafür wirbt, der wirbt auch für das Photographieren und das Filmen. Wer aber photographiert oder filmt, der entwickelt auch das Bedürfnis, Erinnerungen festzuhalten und weiterzugeben, also seine Photos zu vergrößern, in Alben zu kleben, an Wänden aufzuhängen oder seine Filme vorzuführen. Damit setzt er sich aber der Zustimmung oder der Ablehnung der Betrachter aus. Also entwickelt er in der Folge ein Bedürfnis nach dem Besuch von Photo- und Filmkursen.

Der Übergang des Konsums von materiellen zu geistigen Gütern ist fließend.

Der Übergang des Konsums von materiellen zu geistigen Gütern ist fließend. Damit das Gehirn, in diesem Beispiel mit dem Besuch eines Filmkurses, befriedigt werden kann, muß zuerst der Magen, nämlich eine Kamera zu besitzen, gesättigt sein. Noch exakter: Das eine löst das andere aus.

Einmal mehr sei gesagt, daß die Produktion und der Konsum von materiellen Gütern gar nicht verdummen kann, sondern im Gegenteil wechselweise Befriedigung intellektueller Bedürfnisse automatisch hervorruft. Ja, zwingend fordert!

Selbstverständlich läuft diese Entwicklung nicht gradlinig und auch nicht in gleichmäßigem Tempo ab. Je nach individueller Anlage und sozialer Prägung unterscheiden sich die Übergänge des Konsumverhaltens. Engpässe, Fixierungen und produktbezogene Übersättigungen dürften immer wieder festgestellt werden. Nur ist das nicht halb so schlimm, als man immer wieder zu hören bekommt. Aus den auftretenden Fixierungen und Stockungen im Ablauf des fortschreitenden Konsums und der laufenden Übergänge vom Materiellen zum Geistigen kann nicht der Schluß gezogen werden, das ganze System führe zur Gedankenlosigkeit und schließlich zur Verblödung hin.

Es ist überheblich, Menschen, die den neu erworbenen

Lebensstandard genießen, also leben wollen, einfach als Konsumidioten zu beschimpfen.
Auch wenn ganze Völkerscharen von vorübergehenden Fixierungen befallen werden, wie zum Beispiel der eigentlichen Sucht, Freizeit nur noch vor dem Fernseher zu verbringen, so heißt das nicht, daß es ihre Kinder auch noch tun werden. Daß Menschen den Faszinationen neuer Medien und Mittel zeitweise erliegen und daß deren Genuß ihnen zur Gewohnheit wird, ist nur allzu menschlich.
Abgesehen davon, daß man gerade beim Fernsehen, dem wohl intensivsten und revolutionärsten Kommunikationsmedium unserer Zeit, das eine ganz neue Öffentlichkeit realisiert hat und als geistiges Konsumgut anzusehen ist, bereits feststellen kann, wie nach einer gewissen Periode der Übersteigerung im Gebrauch eine Sättigung eingetreten ist und als Gegenreaktion fast automatisch sich ein neues, abgewogenes Verhalten zu diesem Medium ausbreitet.

Es ist überheblich, Menschen, die den neu erworbenen Lebensstandard genießen wollen, als Konsumidioten zu beschimpfen.

Das Wegführen von Erstarrungen und das Hinführen zum Konsum neuer Mittel und somit zu neuen Aktivitäten, wie zum Beispiel das Reisen, ist ja gerade die Leistung der modernen Massenkonsum- und Produktionsgesellschaft, die, getrieben durch die im Marktgeschehen rotierende Dynamik, dafür wiederum das Mittel der Werbung einsetzt.
Abschließend zu diesem Thema möchte ich nochmals festhalten: Zweifellos treten Deformationen, Überreizungen und Übersättigungen im Konsumverhalten

immer wieder auf. Das hängt damit zusammen, daß dem Menschen der Konsum nicht befohlen, zugeteilt oder wieder entzogen werden kann, sondern daß er sein Verhalten zum Konsum freiwillig und selbständig bestimmen muß.
Aufnahmefähigkeit und Lernverhalten sind aber bekanntlich nicht in gleichem Maße in jedem Menschen enthalten. Ebenso unterschiedlich sind Idealvorstellungen, Sehnsüchte und Bedürfnisse. Entsprechende Unterschiede werden also auch im Konsumverhalten immer wieder festzustellen sein.
Es darf aber nicht geleugnet werden, daß unsere moderne Massenkonsum- und Produktionsgesellschaft einen generellen Lernprozeß fördert und gleichzeitig selbst immer kritischer und fähiger wird, ihre Dynamik unter Kontrolle zu bekommen, um auftretende Fehlentwicklungen oder Mißbildungen relativ schnell und nachdrücklich zu korrigieren.
Von einer Ausbreitung der Verblödung und Züchtung sogenannter Konsumidioten kann keine Rede sein.
Wieder einmal mehr: Genau das Gegenteil ist der Fall. Der Konsument von heute verfügt durchschnittlich, also in seiner großen Mehrheit, über den wohl höchsten Bildungsgrad, den je eine Gesellschaft hervorzubringen vermochte. Er ist sehr beweglich und aufgeschlossen. Er ist informations-, lese- und lernfreudig. Er tendiert zu einem möglichst gesunden Leben, neigt eher dazu, ein Übermaß von Konsum an materiellen Gütern zugunsten des Konsums von geistigen einzuschränken, kontrolliert weitgehend sich selbst und zeichnet sich durch eine wachsende Toleranz aus. Kurz, der sogenannte Konsumidiot als Sinnbild für den Konsum schlechthin existiert nicht!

Werbung – eine absolute Notwendigkeit

Fassen wir zusammen: Die Werbeleute sind keine geheimen Verführer, denn Werbung ist sichtbar und tritt immer als Werbung in Erscheinung.
Die Werbung betreibt keine Manipulation, denn sie erhebt nicht den Anspruch der objektiven Wiedergabe der Wirklichkeit, sondern sie ruft auf zur subjektiven Interpretation der Wirklichkeit, indem sie bessere, aber objektiv auch mögliche Wirklichkeiten entwirft.
Die Werbung gibt keine leeren Versprechen ab, sondern umgekehrt: Sie sorgt für die strikte Einhaltung der durch Werbung veröffentlichten Versprechen.
Assoziative Darstellungen sind kein Vorgaukeln einer heilen Traumwelt, sondern sie beziehen sich auf aktuelle Bedürfnisse und sind eine zusätzliche Leistung zur Gewinnung von Sympathien.
Werbung verdummt nicht, sondern sensibilisiert und intellektualisiert die Menschen. Werbung heizt nicht grenzenlose Konsumwut an, sondern hilft mit, den Markt zu regulieren. Werbung ist nicht Ausdruck einer geistig und materiell verarmenden Gesellschaft, sondern einer dynamischen, materielle und geistige Güter produzierenden, reicher und kritischer werdenden Gesellschaft.
Und schließlich kann Werbung nur dort existieren, wo die Freiheit des Ausdruckes gewährleistet ist. Sie selbst ist Ausdruck einer toleranten Gesellschaft, und sie fördert zugleich die Toleranz.
Diese Schlußfolgerungen besagen, daß Werbung kein

Diese Schlußfolgerungen besagen, daß Werbung eine zentrale, aus unserer Gesellschaftsform nicht wegzudenkende Funktion zu erfüllen hat.

im besten Fall notwendiges Übel ist, das mehr oder weniger geduldet werden muß, sondern eine zentrale, aus unserer Gesellschaftsform nicht wegzudenkende Funktion zu erfüllen hat.
Sie ist Schrittmacherin eines dynamischen Marktverhaltens, und sie schafft Anregungen und Freiräume für das Denken und das Handeln der Menschen.
An all dem ändert auch die Tatsache nichts, daß es wie bei allen Produktionen (und Werbung ist auch Produktion) Leistungen verschiedenen Grades gibt. Es gibt gute und schlechte Musik, warum sollte es nicht gute und schlechte Werbung geben? Ein schlechter Film beweist nicht, daß das Medium Film und die ganze Filmindustrie als wichtige Kulturinstitution schlecht sind. Nach einem miserablen Theaterstück ruft niemand nach einem Verbot des Theaters. Es ist aber typisch für das gestörte Verhältnis gegenüber der Werbung bei vielen Trägern der öffentlichen Meinung, daß eine weniger gut gelungene Werbung, eine schlechte Idee oder eine unqualifizierte Darstellung sofort herausgegriffen wird, um zu beweisen, wie dumm oder böse die Werbung sei.
Man misst die Leistungen der Branche nicht an ihren besten, nicht an ihren durchschnittlichen, sondern an ihren extrem schlechten Produktionen. Man nimmt einzelne verunglückte Produktionen heraus und behauptet, das sei das Niveau einer ganzen Branche. Produktionen, die übrigens nur allzuoft nicht einmal von qualifizierten Werbeleuten, sondern von Laien

stammen.
Wenden wir uns einem möglichen Beispiel zu: Ein kapitalschwacher Kaufmann kommt auf die Idee, sein Glück mit einem eigenen Versandgeschäft zu versuchen. Nehmen wir an, er habe einen kreditfreudigen Schwiegerpapa, der ihm als Starthilfe eine größere Summe zur Verfügung stellt. Dieser Mann wird bestimmt auf die Kosten einer Werbeberatung verzichten und seinen Prospekt selbst zusammenbasteln. Daß er Kosten sparen will, ist ja auch ganz selbstverständlich, denn er steht unter einem starken seelischen Druck. Wird die von ihm eingekaufte Ware auch den nötigen Anklang finden? Werden in der notwendigen Frist genügend Bestellungen eintreffen, damit er die Lieferanten, das Büro und die Druckrechnung bezahlen kann? Wird er das in ihn gesetzte Vertrauen nicht enttäuschen müssen? Kann er den Kredit zurückbezahlen?

Nach einem miserablen Theaterstück ruft niemand nach einem Verbot des Theaters.

In einer solchen Situation wird er die billigste Werbung produzieren. Irgendein Verwandter, der vielleicht eine Lehre als Bauzeichner absolviert hat, muß als Graphiker herhalten. Mit mehr oder weniger Phantasie kreiert er Texte und Schlagzeilen, und aus der Angst geborene maßlose Übertreibungen könnten dann in dem von ihm selbst produzierten Prospekt erscheinen.
Solche Direktwerbungen, die von Laien produziert werden, flattern nur allzuoft in die Briefkästen. Diese mehr oder weniger harmlosen Elaborate, die das Image einer hochqualifizierten Branche beeinträchtigen und die leider nur zu oft mißbräuchlich verwendet werden, um diesem Image bewußt zu schaden, sind nicht ein

Ausdruck der Werbung, sondern der relativ weitgesteckten Gewerbefreiheit. So wie jedermann verschiedenen Handel treiben oder verschiedene Firmen gründen kann, ohne eine spezielle Qualifikation dafür nachweisen zu müssen, so kann jedermann Werbung betreiben, ohne von Werbung etwas zu verstehen.

Man sollte aufhören, unglückliche Versuche von Laien als Beweis eines mangelhaften Niveaus von Fachleuten hinzustellen. Immer wieder aber finden sich Glossen in den Zeitungsspalten, in welchen unglückliche Laienarbeiten und Pseudowerbungen zitiert werden, um sich über Werbung im allgemeinen zu mockieren.

Ein gedankenloser Journalismus, der auf billige Art zur Unterhaltung beiträgt, hilft nicht, die Gesellschaft transparenter zu machen. Im Gegenteil, es werden Vorurteile genährt und Schreckgespenste aufgebaut, die verängstigen statt zu befreien. Und es ist eine Verängstigung, wenn man der Werbung eine Niveaulosigkeit, also eine Gefährlichkeit nachsagt, die sie gar nicht haben kann.

Ein gedankenloser Journalismus, der zur Unterhaltung beiträgt, hilft nicht, die Gesellschaft transparenter zu machen.

Es ist eine Verängstigung, die auch dadurch nicht entschuldigt wird, daß man damit von anderen Ängsten und Gefahren, die das Leben in unserer Zeit bedrohen, ablenken will.

Ein Berufspilot, der seit Jahren auf einem Stützpunkt lebt und immer wieder Einsätze mit einer Atombombe unter dem Sitz fliegen und der bereit sein muß, jederzeit, an jedem Ort auf Befehl diese Bombe auszuklinken, die Millionen von Menschen vernichten kann, selbst aber ein kultivierter und umgänglicher Mensch

ist, hat mir einmal mit aufrichtiger Überzeugung gesagt, das größte Unheil unserer Zeit sei die Werbung! Und er nannte als Beispiel ein Inserat für Rasierschaum, das ausdrücke, daß alle erfolgreichen Manager diesen Rasierschaum bevorzugten.
Für mich war diese Meinung zwar nicht verständlich, jedoch psychologisch nachvollziehbar. Es ist ja klar: Wer selbst die größte Gefahr für die Menschheit unter dem Pilotensitz herumfliegt, kann sich – als ein kultivierter Mensch – nur sehr schwer mit seiner Funktion identifizieren. Es ist dann eine große Erleichterung, wenn man auf andere scheinbare Gefahren hinweisen kann, um zu vergessen, für welche man selbst tatsächlich tätig ist oder sein muß.

Es ist eine Erleichterung, wenn man auf Gefahren hinweisen kann, um zu vergessen, für welche man selbst tatsächlich tätig ist.

Allerdings, die fallende Atombombe, die würde dann nicht mehr werben, die würde töten! Sie würde nicht nur sämtlichen Rasierschaum vernichten, sondern auch dafür sorgen, daß niemand mehr Rasierschaum braucht. Tote brauchen sich nicht zu rasieren. Keine Werbung würde dann die Friedhofstille mehr stören.

Wege zu einem natürlichen Verhältnis zur Werbung

Das gestörte Verhältnis zur Werbung liegt darin begründet, daß man ein gestörtes Verhältnis zur eigenen Gesellschaft hat. Man spricht von Vermassung und vergißt, daß man selbst ein Teil der Masse ist.
Man spricht von Verblödung und vergißt, daß man damit den Anspruch erhebt, intelligenter zu sein als die anderen .
Man spricht von Beziehungslosigkeiten und vergißt, daß man selbst Beziehungen pflegt und auch Beziehungen zerstört. Man spricht von Abhängigkeiten und vergißt, daß man sowohl Abhängigkeiten hat wie auch selber Abhängigkeiten schafft. Oder umgekehrt, man schafft Abhängigkeiten, weil man von Stärkeren abhängig ist, die sich wiederum nach dem gleichen Prinzip nach oben, in die Breite und in die Tiefe entwickeln. Man schafft Abhängigkeiten, weil man, in einem System von Abhängigkeiten lebend, für sich selbst dadurch Freiräume zu schaffen glaubt.
Man spricht von Reizüberflutungen und vergißt, daß man mit seinem eigenen starken Drang zu immer neuen Reizen, also mit dem Einschalten des Fernsehers, dem Besuch von Kinos, dem ständigen Hören von Musik usw. mithilft, diese zu ermöglichen. Man spricht von Sittenlosigkeiten und vergißt, daß man selber die

Man spricht von Sittenlosigkeiten und vergißt, daß man die Abschaffung aller möglichen Sittentabus herbeisehnt.

Abschaffung aller möglichen Sittentabus herbeisehnt und dies, wo auch immer möglich, fördert.
Kurz, man klagt über die Werbung und meint in Wirklichkeit die Gesellschaft. Und zwar die eigene. Mit anderen Worten, man schlägt den Sack und meint den Esel. Denn der Esel könnte ja ausschlagen, der Sack aber nicht. Es ist schon viel vorsichtiger und bequemer, den Sack zu prügeln. Den Prügelknaben Werbung.
Das Unbehagen über die eigene Gesellschaft ist es also, was zur Diskussion steht. Dieses Unbehagen hat aber verschiedene Quellen, und im Rahmen dieses Buches sollen sie nur gestreift werden. Exakte Analysen über die Quellen des Unbehagens würden den Rahmen dieses Buches sprengen.
Zudem gibt es genug Spezialisten, die dies weit qualifizierter tun können und auch tun. Sie seien nur angesprochen, um den Prügelknaben zu entlasten. Denn die Gesellschaft darf es nicht mehr nötig haben, die Quellen ihres Unbehagens zu verdrängen, indem sie diese einem einmal gewählten Prügelknaben andichtet. Das nützt niemandem und schon gar nicht der Gesellschaft selbst.

Die Gesellschaft darf nicht mehr die Quellen ihres Unbehagens verdrängen.

Welches könnten die Quellen des Unbehagens sein? Besitz und Machtverhältnisse zum Beispiel, die von der Entwicklung bereits überholt worden sind. Oder die rapide Ausweitung des Bewußtseins durch den Einsatz neuer Kommunikationsmedien, die alles bis dahin Gehabte weit hinter sich lassen und eine Konzentration von Identifikationen ermöglichen, sowohl quantitativ wie qualitativ, die notwendigerweise den Menschen in seiner Persönlichkeitsfindung verunsichern.

Eine höhere Bildung zu entwickeln, heißt nicht automatisch den Frieden der Seele zu vertiefen.
Im Gegenteil. Eine höhere Bildung steht im umgekehrten Verhältnis zum Frieden der Seele. Der Analphabet wird sich schneller mit seiner Situation identifizieren und eine brave Frömmigkeit zum Schicksal entwickeln. Wer hingegen viele Bücher liest, viele Filme und Theaterstücke sieht, der setzt sich einem wachsenden Erlebnis von Spannungen aus. Immer mehr Menschen und Situationen werden ihm vor Augen geführt, mit welchen er sich identifizieren muß, auch widersprüchliche.
Immer schwieriger wird es logischerweise, die eigene persönliche Identifikation zu finden. Das auch schon deshalb, weil man immer mehr weiß, daß man noch zuwenig weiß. Die Wissensausbreitung verläuft horizontal, die Spezialisierung vertikal. Je breiter die Basis, desto höher die Spitze der Pyramide. Und je deutlicher man sich der Höhe der Spitze bewußt wird, desto hoffnungsloser wird das Bemühen, diese je erklimmen zu können.

> **Es wäre schon viel konsequenter, der Werbung die Förderung der Wissensausbreitung vorzuwerfen.**

Sollte dieses Unbehagen in die Verurteilung der Werbung umschlagen, müßte man eigentlich blind sein, wollte man den eklatanten Widerspruch einer solchen Reaktion nicht erkennen. Denn man wirft der Werbung die Förderung der Verblödung vor, ist aber zugleich erschreckt über die Konsequenzen und die Grenzenlosigkeit der Wissensausbreitung.
Es wäre schon viel konsequenter, der Werbung die Förderung des Konsums, auch des geistigen, also der Wissensausbreitung, vorzuwerfen und aufgrund einer

solchen, dann ehrlichen Kritik mit Hilfe aller Kräfte, eingeschlossen der Werbung, zu versuchen, das durch die Wissensausbreitung entstandene Unbehagen gesellschaftlich positiv in den Griff zu bekommen.
Ein weiteres Unbehagen kann aus der Wehrlosigkeit entspringen, mit der man der erschreckenden Unversöhnlichkeit traditionalistischer Ideologien und gesellschaftspolitischer Systeme gegenübersteht, die mit der Beteuerung ihrer hohen humanen Ansprüche und Zielsetzungen an immer schlimmeren und grauenhafteren Vernichtungswaffen arbeiten. Ist womöglich auch daran die Werbung schuld?
Oder der Massenkonsum von friedlichen materiellen wie geistigen Gütern? Oder unsere Massenkonsum- und Produktionsgesellschaft?
Nein, es hat keinen Sinn, Quellen des eigenen Unbehagens einem Prügelknaben anzudichten. Es ist sogar höchst selbstgefährdend. Daß die Menschheit heute den Frieden zu erhalten und mit dem Einsatz aller nur denkbaren geistigen und politischen Mitteln die Selbstvernichtung zu verhindern hat – darin liegt die zentrale Aufgabe unserer Zeit. Dazu sind nicht nur die Politiker und die in ihrem Dienste stehenden Wissenschaftler aufgerufen, sondern alle Menschen schlechthin. Übrigens auch Wirtschaftsführer und Werbefachleute. Es gibt sicherlich noch mehr Quellen des Unbehagens, die zu erkennen und zu analysieren wären. Sie alle jetzt aufzuzählen, ist in diesem Zusammenhang nicht mehr von Bedeutung. Wesentlich ist die Erkenntnis, daß all diese Quellen nicht in der Werbung, sondern in den vielschichtigen Zusammenhängen der Gesellschaft als Ganzes zu suchen sind.
Das Unbehagen in der Gesellschaft läßt sich nur nivellieren und schließlich ganz aufheben, wenn seine

Quellen erkannt und analysiert worden sind. Niemals aber, wenn es verdrängt und auf irgendeine Art abreagiert wird. Wer das tut, ist einem irritierten Hund vergleichbar, der sich in den eigenen Schwanz beißt. Er rotiert in der Bahn eines Teufelskreises. Diesen Teufelskreis gilt es zu durchbrechen.
Ein Weg dazu ist, nach Möglichkeiten Ausschau zu halten, wie man das gestörte Verhältnis zur Werbung überwinden könnte.

Das Verhältnis der Werbung zur Jugend

Es ist eine verbreitete Auffassung, daß schulpflichtige Kinder über kein oder nur über ein sehr beschränktes kritisches Denkvermögen verfügten. Ergo seien sie den Appellen und Darstellungen der Werbung besonders hilflos ausgeliefert.

So gesehen ist es nur zu verständlich, daß aufgeschlossene Junglehrer, die für die konkreten Umweltbedingungen ihrer Schüler eine zunehmende Aufmerksamkeit entwickeln, auch darüber nachdenken, wie sie dieses Ausgeliefertsein der Schulkinder an die Werbung lindern könnten.

Grundsätzlich eine sehr lobenswerte Haltung, denn sie setzt zumindest voraus, daß die Werbung eine wichtige Ausdrucksform unserer Gesellschaft ist. Sie zielt gewollt oder ungewollt auf die Aufhebung des gestörten Verhältnisses zur Werbung hin.

Nur, wie könnte man das Verständnis der Kinder und somit ein gesundes Verhältnis der Kinder zur Werbung fördern?

Indem man ihnen ganz einfach die Werbung erklärt. Indem man ihnen sagt, daß die Werbung nicht wie die Information, also das Fernsehen oder die Presse, den Anspruch erhebt, die ganze Wirklichkeit objektiv wiederzugeben, sondern aufruft, diese subjektiv zu interpretieren. Und zwar aufruft in einem bestimmten Auftrag. Indem man ihnen erklärt, daß Werbung immer einen Auftrag auf Zeit zu erfüllen hat. Und daß sie diesen Auftrag erfüllt, indem sie wirbt und nicht befiehlt. Und daß es jedermann freisteht, diese Werbung zu akzeptieren oder auch abzulehnen. Daß sie selbstverständlich Darstellungen einsetzt, um die Sympathie des Umworbenen zu gewinnen und daß ihr dies nur gelingen kann, indem sie zusätzliche Leistungen erbringt, die gerade darin bestehen, mittels Darstellungen die wachsenden Bedürfnisse des Umworbenen zu erkennen. Aber daß schließlich der Umworbene der Richter ist, der entscheidet, ob diese Darstellungen nun befriedigen können oder nicht. Und wenn ja, ob das damit verbundene Produkt, also der Auftrag, auch selbst dann noch zu befriedigen vermag oder nicht.

Daß Werbung immer einen Auftrag erfüllt, indem sie wirbt und nicht befiehlt.

Indem man weiter die schulpflichtigen Kinder lehrt, daß Werbung Versprechen veröffentlicht und es am Umworbenen liegt, um so aufmerksamer zu prüfen, ob diese auch eingehalten werden.

Also, zusammengefaßt, erzieht man Kinder zu einem gesunden Verhältnis zur Werbung, indem man aufhört, die Werbung als Schreckgespenst an die Wand zu malen oder zu verteufeln und statt dessen die Gesetze der Werbung erklärt. Indem man erklärt, daß es eine regulierende Funktion des Marktes ist, die der Werbung eine weitere Bedeutung gibt. Ebenso erklärt, daß die Werbung hilft, die Gesellschaft vor Erstarrung zu schützen und sie deshalb immer wieder neue Leitbilder entwickelt. Im weiteren, daß sie kreative, spielerische Formen aufweist, die ein Ausdruck der Toleranz und Freiheit in unserer Gesellschaft sind. Daß gerade deshalb Werbung nicht davor zurückschreckt, komische oder absurde Darstellungen zu verwenden.

Allerdings kann man mit Schulkindern nicht von Werbung sprechen, ohne alle Medien und Formen der Ansprache ebenso zu behandeln beziehungsweise gegenüberzustellen. Man muß ganz klar den Unterschied von Werbung und Information erklären. Es ist ein Unterschied, ob eine Darstellung zu einem bestimmten Verhalten anregt, wie es die Werbung tut, oder ob in Reportagen und Berichten Darstellungen von Verhalten gegeben werden mit dem Anspruch, daß diese allgemein üblich, also zwingendes Vorbild seien. Die Möglichkeiten und die Grenzen der Information zu erkennen ist vielleicht für die Bewältigung der Gegenwart für unsere heutigen Schulkinder fast von größerer Bedeutung, als den Sinn und den Zweck der Werbung zu verstehen. Denn im Gegensatz zur Information können die Kinder die Werbung viel rascher erfassen und ein gesundes Verhältnis zu ihr entwickeln. Eindrücke und Beeinflussungen durch Tausende von Fernsehfilmen und Berichten, durch ein Riesenangebot an Magazinen und Zeitungen mit dem jeweiligen Anspruch der objektiven Wirklichkeitswiedergabe sind weit intensiver und weniger faßbar und durchschaubar als alles, was in Form von Werbung dem Kind gegenübertritt. Kinder, die vom Unbehagen unserer Zeit noch nicht so erfaßt sind, nehmen in der Regel schneller auf, daß Werbung als Werbung in Erscheinung tritt und somit die Freiheit der Wahl offen läßt. Und trotzdem ist die fachliche Aufklärung über die Werbung und das Erklären von deren Funktionen ein

Man erzieht Kinder zu einem gesunden Verhältnis zur Werbung, indem man aufhört, die Werbung als Schreckgespenst an die Wand zu malen.

Beispiel dafür, wie das gestörte Verhältnis zur Werbung aufgehoben werden könnte. Denn Kinder von heute sind Erwachsene von morgen. Ihre Aufklärung im Kindesalter wird sie davor schützen, später als Erwachsene ähnlichen Neurosen wie viele der heute Erwachsenen zu verfallen.

Die Feststellung, daß Kinder der Werbung mehr oder weniger hilflos ausgeliefert sind, ist nur insofern richtig, als sie der ganzen Erwachsenenwelt mit all ihren Ansprüchen, Ansprachen und Normen mehr oder weniger hilflos ausgeliefert sind.

Kaum der Wiege entronnen, krabbeln sie vor den Fernseher, hören Musik aus den Lautsprechern, waten in einer Flut von Comic Strips, Bilderbüchlein und Magazinen, nehmen teil an den sonntäglichen Ausfahrten und Freizeitbeschäftigungen, werden zum Objekt von erwünschten oder unerwünschten Liebesbezeugungen und haben den Strom von Spielsachen über sich ergehen zu lassen, die ihnen schleunigst alle Errungenschaften unserer modernen Zeit vor Augen führen sollen. Kinder bis zum schulpflichtigen Alter begegnen zwar heute sehr schnell, ja zu schnell dem Reichtum unseres Konsums, auch des geistigen. Doch nicht die Kinder rufen nach der Flut von Eindrücken und Spielsachen, sondern man überschüttet sie von allen Seiten damit. Das hängt aber nicht mit der Werbung, sondern mit der sozialen und psychologischen Situation der Erwachsenen zusammen.

Kaum der Wiege entronnen, krabbeln sie vor den Fernseher.

So ist es typisch, daß die Werbung auf dem Spielzeugmarkt, die sich an die Erwachsenen richtet, relativ bescheiden ist. Wohl versenden die großen Spielzeugwarenhandlungen an Weihnachten ihre Prospekte, und auch in den Katalogen der Warenhäuser wird die Spielzeugwarenabteilung nicht vergessen.

Doch wer genötigt ist, eine Spielzeugwarenhandlung aufzusuchen, wird immer wieder mit Erstaunen feststellen, wie groß das Angebot an ganz neuen Spielsachen ist. Auch an solchen, die Intelligenz und Kreativität fördern, die überraschende Kombinations- und Gesellschaftsspiele ermöglichen, von denen man noch nie gehört hat, und die man noch nie zuvor in einer Werbung gesehen hat. Die Spielzeugwarenwerbung ist im Verhältnis zum Umsatz eher bescheiden, und ihre Beschränkung wirkt auch in diesem Falle marktregulierend. Werbung, die sich direkt an die Kinder wendet, ist im Gegensatz zur Werbung im Jugendmarkt eher überflüssig.

Die Kleinkinder von heute wachsen in den städtischen Verhältnissen der entwickelten Industriestaaten durchschnittlich beinah in paradiesischen Verhältnissen auf. Es wird ihnen alles gegeben, und sie werden in jeder Beziehung für vollwertig genommen. Vielleicht nur für zu vollwertig!

Wenn hier das offene Wort eines Werbefachmannes erlaubt sei, dann möchte ich sagen, daß die Kinder von heute oft übermäßig verwöhnt werden, was ihnen wenig Freiraum für die Entwicklung ihrer eigenen Persönlichkeit läßt und sie für den abrupt bevorstehenden Bildungsstress und die nachfolgenden Leistungsansprüche der Berufsausbildung schlecht vorbereitet. Auch dies mag übrigens ein Ausdruck des Unbehagens über unsere Gesellschaft und deren Fortbestand in der Zukunft sein.

Als ob man Angst habe, daß sie nicht alt würden, erdrückt man die Kinder mit Geschenken und unpersönlichem, auf die Individualität des Kindes nicht eingehendem Zuvorkommen .

Alles, worunter man in der eigenen Kindheit tatsächlich oder scheinbar gelitten hat, soll nun den Kindern vorenthalten werden. Man vergißt auch nicht, sie frühzeitig hübsch und korrekt zu kleiden und im weiteren überhaupt an der ganzen Erwachsenenwelt uneingeschränkt teilhaben zu lassen.

Immer häufiger begegnet man Kleinkindern, die erschreckend altklug sind, ja schon wie Erwachsene sprechen. Diese Kinder sind Opfer einer falsch verstandenen Fortschrittlichkeit. Zweifellos gehören Schläge, sinnlose Verbote und Prüderie nicht zur modernen Kindererziehung. Zweifellos soll das Verhältnis der Erwachsenen zu den Kindern aufrichtiger und ehrlicher sein, als es früher war.

Immer häufiger begegnet man Kleinkindern, die erschreckend altklug sind.

Wer aber die heutigen Kinder zwingt, an der gesamten Erwachsenenwelt teilzunehmen, alles und jedes vor und mit ihnen erörtert, sie in alles und jedes mit einbezieht, so zum Beispiel in Ehekonflikte, Liebesverhältnisse, politische Auseinandersetzungen, Streitereien mit Nachbarn, in beruflichen Streß oder ins Gerede über Erkrankte und Verstorbene, der überläßt umgekehrt den Kindern keinen freien Raum mehr, um sich als Kind zu entwickeln, zu träumen und mal den Kopf anschlagen zu können. Mit anderen Worten, die Welt aus eigener Initiative zu entdecken. Wer dem Kind die ganze Erwachsenenwelt aufzwingt, der nimmt ihm seine Kinderwelt!

Dieses heute sehr verbreitete Verhalten hat reichlich wenig mit Werbung zu tun, doch muß auch in diesem

Fall häufig genug die Werbung als Prügelknabe herhalten.

Wer seine eigenen Kinder mit einem Übermaß an materiellen und geistigen Gütern überschüttet und es unverhohlen zwingt, an der ganzen Problematik des eigenen Lebens und des Lebens schlechthin viel zu früh teilzunehmen und gleichzeitig behauptet, daran sei wieder einmal die böse Werbung schuld, dem mag das ja seiner seelischen Entlastung dienlich sein, nur hat er mit dem Schlag auf den Prügelknaben weder dem Kind noch sich selbst geholfen.

In meinem großen Bekanntenkreis, der sich über verschiedene Sozialschichten und Meinungsgruppen zieht, ist mir immer wieder aufgefallen, daß viele Eltern, auch die sogenannten antiautoritären, ihre Kinder «wahnsinnig» intelligent, klug, lebendig, aufgeschlossen und kreativ finden. Selten hörte ich die Bemerkung, «mein Kind hat diese oder jene problematische Veranlagung, diese oder jene Schwierigkeit, diese oder jene Konflikte». Mit allen Mitteln, auch den sogenannten antiautoritären, wird den Kindern ständig eingeredet, was sie alles verstehen müssen und wie sie sein sollen. Viel besser wäre es, sie mehr in Ruhe zu lassen und sie zu beobachten, um zu versuchen, ihre Persönlichkeiten zu entdecken und zu erkennen. Die Kinder von heute werden von ihren Eltern und ihrer Umwelt eindeutig überfordert. Sie leben im Konflikt mit einer Erwachsenenwelt, die ihnen ihre Kindheit nimmt.

Die Kinder von heute leben mit einer Erwachsenenwelt, die ihnen ihre Kindheit nimmt.

Die sogenannte Kinderwerbung, das heißt Werbung, die sich nicht über die Erwachsenen, sondern direkt an

die Kinder wendet, stellt zumeist nicht die Erwachsenenwelt, sondern die Kinderwelt dar.
Die Werbung ist ja geschult, echte Bedürfnisse zu entdecken, und sie hat längst entdeckt, daß die Kinder von der Erwachsenenwelt überfordert werden und sich nach einer problemloseren, fröhlicheren Kinderwelt sehnen.
Die Werbung für die wenigen Produkte, die Kinderwerbung rechtfertigen, wie zum Beispiel die Bonbons und Zaubertüten, Kaugummi sowie die Verpackung von Spielwaren, hilft deshalb immer, den Kindern etwas von ihrer verlorenen Kinderwelt zurückzugeben. Die Kinderwerbung hat eine den Kindern helfende und das überspannte Verhältnis zur Erwachsenenwelt ausgleichende Funktion.
Sie ist eine der wenigen «Produktionen» der Erwachsenenwelt, die das Kind als Kind ansprechen, es in seiner Kindlichkeit respektieren und es als Kind leben lassen! Auch in diesem Bereich ist die Funktion der Werbung das Gegenteil von dem, was man ihr vorwirft.
Wenden wir uns den schulpflichtigen Kindern und der reiferen Jugend zu.
Zweifellos existiert in etwas größerem Maße eine Werbung, die sich an die schulpflichtige Jugend und in noch größerem eine, die sich an die reifere Jugend wendet. Der Jugendmarkt verschlingt sogar einen beträchtlichen Teil der Werbemillionen. Doch wie liegen hier die Verhältnisse?
Die heute so verwöhnten und überforderten Kinder kommen in die Schule und werden einem schnell wachsenden Bildungsstreß ausgesetzt. Denn was die intelligenter werdende Gesellschaft ihre Kinder alles zu lehren hat, ist enorm. Nicht nur wachsen sprunghaft die Ansprüche der sogenannten Allgemeinbildung,

auch das hochgezüchtete Spezialistentum braucht Nachwuchs und verankert seine Interessen in den Schulprogrammen. Mit der vorhandenen wie der angedichteten oder schlichtweg geforderten Intelligenz stürzen sich nun die Kinder voller Mut und Wissensdurst in die gebotenen Lernprogramme, um mit den wachsenden Anforderungen bald erkennen zu müssen, daß sie den gewaltigen Stoff nur mühsam bewältigen können. Sie beginnen den kompakten Anspruch eines gewaltigen Bildungsreichtums zu spüren, sie beginnen zu ahnen, daß sie diesen niemals ganz erfassen werden können.

Die heute so verwöhnten Kinder werden einem schnell wachsenden Bildungsstreß ausgesetzt.

Die Überforderung aus der Kindheit beginnt sich nun zu rächen. Der strahlende Mut verwandelt sich in eine sukzessiv einschleichende Mutlosigkeit.

Die Erwachsenenwelt, die in der Kindheit doch so zudringlich nahe war, verschanzt sich nun auf einmal hinter einer Riesenbarriere, die es nun durchzuackern und durchzubüffeln gilt.

Und je weiter die Strecken sind, die man durchgepflügt hat, desto ferner rückt die Erwachsenenwelt.

Die einst so zudringliche Freundlichkeit hat sich längst in freundliche Teilnahmslosigkeit verwandelt.

Schon nach wenigen Jahren sind die schulpflichtigen Kinder auf vielen Wissensgebieten ihren Eltern überlegen. Und es wird immer noch schlimmer.

Politik und Literatur, Kunst und Musik, Theater und Film feuern nun auf die heranschwimmende Jugend ganze Breitseiten ab, die sie mit voller Wucht treffen. Nun wird auf einmal nicht mehr verhätschelt und verwöhnt. Jetzt gilt es plötzlich, Romane von Dostojewski zu verkraften, die Bibel zu verstehen, mit dem kommunistischen Manifest sich auseinanderzusetzen, Dürrenmatts «Besuch der alten Dame» aufzunehmen,

Schon nach wenigen Jahren sind schulpflichtige Kinder ihren Eltern überlegen.

das Todesringen von Van Gogh zu akzeptieren, das erschütternde Gestalten eines Beethoven nachzuvollziehen, die Grauen der Nazi-Konzentrationslager zur Kenntnis zu nehmen, Thomas Mann zu lesen, sich mit der schonungslosen Filmkunst eines Polanski anzulegen und nicht zuletzt die ganze Informationsflut der modernen Massenkommunikationsmedien täglich über sich ergehen zu lassen. Es gilt, sich mit allen Konflikten, mit dem Streit der Länder und Parteien auseinanderzusetzen, mit dem steten Hinweis auf die Bedrohung der Menschheit, mit dem Darstellen, Auseinandernehmen, Gegenüberstellen und Wiederzusammenfügen und neu Auseinandernehmen der ganzen Welt...

Ach weh, am Ende der riesigen Barriere der Schul- und Ausbildungszeit wartet keine friedliche Welt, da wartet eine zerstrittene, im Widerstreit der Meinungen sich verstrickende Welt.

Ein unübersehbares Labyrinth von Meinungen und Positionen, Möglichkeiten und Unmöglichkeiten breitet sich aus.

Klagen und Anklagen, Selbstbeweihräucherungen und Verdammungsurteile, mit viel Pathos vorgetragen, dröhnen aus dem Radio, flimmern über den Fernseher oder schreien aus den Schlagzeilen der Gazetten.

Eine wohl interessante, aber nicht so sehr verlockende Welt, wenn man den notwendigen Abstand dazu noch nicht gefunden hat. Abstand zu gewinnen wird also zu einem vitalen Bedürfnis der heranschwimmenden Jugend. Denn sie kann die Vielfalt der geistigen Ansprüche nicht mehr verkraften.

Sie rebelliert. Sie sucht Freiräume, und sie sucht Ruhe. Wer 10000 Situationen, 5000 Lebensschicksale und Tausende von Meinungen, Interpretationen, Ideen, Ideologien und Religionen in sich hat einhämmern müssen, der will endlich einmal sich selbst finden können.

Aus einer Statistik geht zum Beispiel hervor, daß die heute 18jährigen Amerikaner durchschnittlich an die 200000 Filmeinheiten gesehen haben. Rechnet man noch dazu, was sie alles gehört und gelesen haben – man möge sich doch einmal überlegen, mit was sie sich denn noch identifizieren sollen.

Die Jugend von heute ist, wie schon in der Kindheit, ganz einfach überfordert.

Wieder einmal mehr kommt eine falsch verstandene Fortschrittlichkeit zum Zuge. Fortschrittlich ist, der Jugend die Voraussetzung für ein eigenes Fortschreiten, also eine eigene Entwicklung zu geben. Nicht aber ihr das ganze geballte Wissen der ganzen Menschheit konzentriert in die Gehirne zu hämmern.

Wer nur noch aufzunehmen hat, was andere schon gedacht haben, dem wird am Schluß die Lust vergehen, noch selber zu denken. Wer nichts mehr selber zu entdecken hat, dem vergeht die Freude am Leben, oder er wird rebellieren, den Rucksack packen und allen Besserwissern zum Trotz auf eigene Faust auf Entdeckungsreisen gehen.

Die Jugend von heute ist ganz einfach überfordert.

In den vorgehend erwähnten Tatsachen sind die Quellen der sogenannten Jugendpassivität und Jugendrebellion zu finden. Und nicht in der Werbung. Die Werbung, Entdeckerin echter Bedürfnisse, hat längst verstanden, daß die Jugend von heute überfordert ist. Nicht überfordert durch Werbeappelle, sondern überfordert durch den geballten Wissensanspruch, den die nun so ferne Erwachsenenwelt an sie stellt. Wiederum ist es die Werbung, die ihr helfend entgegenkommt. Wiederum ist es die Werbung, die den notwendigen Ausgleich schafft.

Wer nichts mehr selber zu entdecken hat, dem vergeht die Freude am Leben.

Jawohl, es ist die Werbung im Jugendmarkt, die sagt, klemm doch dein Motorvelo unter den Hintern und fahre einfach los. Die sagt, seid fröhlich miteinander, macht ein Lagerfeuer, singt Lieder und lebt so, daß ihr glücklich sein könnt und daß ihr euch vorerst einmal mit euch selber identifizieren könnt.

Es ist die Werbung, die sagt, ihr habt ein Recht auf Pause, das Leben besteht nicht nur aus endlosem Leistungsstreß. Jawohl, es ist die Werbung, die sagt, das Leben muß nicht nur gelernt, es darf auch noch gelebt werden.

Jawohl, es ist die Werbung, die der Jugend hilft, sich letztlich mit ihrer Zukunft wieder auszusöhnen. Zugegeben, sie sagt es bis anhin meist im Auftrag von Produkten des täglichen Bedarfs. Im Auftrag von Motorvelos, Getränken, Photokameras und Freizeitartikeln, Jeans und Zigaretten.

Aber sie sagt es! Das ist entscheidend. Nicht sie ist es, die die Jugend in ihre hoffnungslose Mutlosigkeit hineingeführt hat. Sie ist es, die sie wieder daraus hinausführt. Als «Psychologin» der Gesellschaft, die zu heilen hilft, was die Wirtschaft mit ihren unersättlichen Ansprüchen der Jugend angetan hat. Da aber die Werbung selbst ein Ausdruck der Gesellschaft ist, kann und will sie die Jugend nicht gegen diese Gesellschaft aufwiegeln. Ihr Auftrag ist, sie mit der Gesellschaft wieder zu versöhnen und gleichzeitig durch die Kraft der Werbung der Gesellschaft zu verdeutlichen, daß die Jugend ein Recht auf Jugend hat.

> **Die Motive, die von der Werbung im Jugendmarkt angewendet werden, wirken heilend auf die Psyche.**

Dies wird übrigens von der Jugend verstanden. Und darin mag der Grund liegen, daß die Jugend am schnellsten die Botschaften der Werbung versteht. Sie spürt, daß die Werbung ihr hilft, sich selbst zu verstehen. Sie spürt, daß die Werbung nicht verführt, sondern bestätigt.

Die Motive, die von der Werbung zurzeit im Jugendmarkt angewendet werden, wirken heilend auf die Psyche der Jugend, indem sie die vom Bildungsstreß überforderte Psyche entlasten. Wäre das Bedürfnis der Jugend nach Entspannung und Selbstfindung nicht echt, dann würde die Werbung diese Motive auch nicht verwenden. Warum? Weil Werbung nur Erfolg haben kann, wenn sie echte Bedürfnisse anspricht.

Bedürfnisse zu schaffen, die nicht existieren, liegt wohl im Bereich der Möglichkeiten der Propaganda, jedoch nicht der Werbung. Der Aufwand, Bedürfnisse zu schaffen, die nicht existieren, ist so gewaltig viel höher, als Bedürfnisse zu entdecken, daß es für die Werbung völlig absurd wäre, diesen unnötigen Aufwand zu leisten. Sie könnte es auch nicht, weil ihr dazu die Mittel fehlen. Zudem bedingt die Schaffung von Bedürfnissen, die nicht existieren, einen langandauernden Umerziehungsprozeß, den die Werbung ohnehin nicht erbringen könnte, da sie Erfolge in befristeten Zeitabläufen haben muß.

Bedürfnisse zu schaffen, die nicht existieren, das kann sich nur die Propaganda leisten, da diese auf einen zeitlich befristeten Erfolg nicht angewiesen ist. Ist hingegen die Werbung von ihrem Auftrag her gezwungen, Bedürfnisse zu schaffen, hat sie weder das Geld noch die Zeit dazu.

Bedürfnisse zu schaffen, die nicht existieren, das kann sich nur die Propaganda leisten.

Da die Werbung, wie gesagt, bestehende Bedürfnisse entdecken muß, kommt ihr eine dem engeren Auftrag übergeordnete gesellschaftspsychologische Funktion zu, die noch viel zuwenig erkannt worden ist.

Die Träger der öffentlichen Macht, die Verantwortlichen staatlicher Kultur- und Erziehungsinstitutionen, die Redaktoren der Massenmedien sowie die aktiven Repräsentanten und Mitglieder kirchlicher und politischer Organisationen dürften in Zukunft ruhig den Botschaften und den sich wandelnden Motiven der Werbung eine größere Aufmerksamkeit schenken.

Wenn die Werbung, von Ausnahmen abgesehen, für einen bestimmten Markt in zunehmendem Maße eine neue Richtung in der Wahl der Botschaften und Motive einschlägt, dann sind das nicht Verkaufstricks, sondern Signale an die Gesellschaft. Signale, die gelesen und verstanden werden müssen.

Man muß sich vom Vorurteil befreien, daß Werbung ins Blaue hinausrede und irgendwelche Phantasiemotive verwende, um zu wirken. Besser ist es zu wissen, daß sie schneller als andere Institutionen imstande ist, immer wieder die nächstliegenden Bedürfnisse zu entdecken, um Sympathien zu gewinnen und somit echte Leistungen zu erbringen. Man wird dann diese Signale sehr bald als Korrekturhilfen für Entwicklungen in eigenen Bereichen auszuwerten verstehen.

Wenn die Werbung eine neue Richtung einschlägt, sind das Signale an die Gesellschaft.

Wendet zum Beispiel die Werbung im Jugendmarkt immer mehr die Motive Freizeit, Selbstfindung, Originalität, Gruppenleben, Naturliebe, Fröhlichkeit und Freiheit zum Absurden an, dann heißt das schlicht und einfach, daß die Jugend überfordert ist. Daß sie unter einem erdrückenden Bildungsstreß steht, sich isoliert fühlt und sich mit überspitzten Lebens- und Weltängsten auseinandersetzen muß. Statt nun die Bildungsschraube noch mehr anzuziehen, um die Jugend von den vermeintlichen bösen Verlockungen der verantwortungslosen Werbung wieder wegzuziehen, wäre es weit besser, die Signale zu verstehen und der Jugend die notwendigen Entlastungen zu ermöglichen.
Obwohl zwar ein rasches Reagieren auf die Signale der Werbung, nämlich die erkannten Bedürfnisse direkt zu befriedigen, logischerweise die Zugkraft der werbemäßig angewandten Motive schwächen würde, wäre kein verantwortlicher Werbefachmann und kein Unternehmen deswegen verstimmt. Es ist niemand, der verantwortlich tätig ist, dagegen, wenn er gesellschaftspolitisch ernstgenommen wird. Auch sind intelligente und kultivierte Menschen, und Werbefachleute darf man in der Regel auch dazu zählen, stolz, wenn sie mit ihren eigenen Produktionen nicht nur ihrem Auftrag

gerecht werden, sondern der ganzen Gesellschaft einen Dienst haben erweisen können.

Im weiteren ist die Werbung auf ein Monopol ihrer Motive grundsätzlich nicht angewiesen.

Sie ist es gewohnt, daß die Gesellschaft einem steten Wandel unterworfen ist. Und da die Veröffentlichung der entdeckten Bedürfnisse in Form der Motive einem Zweck zu dienen hat und nicht Selbstzweck ist, geht sie ganz einfach noch schneller auf die Suche nach den nächsten, noch nicht befriedigten Bedürfnissen. Und diese wird sie dann wiederum signalisieren.

Sollte die Werbung sich in Zukunft auch von den Spitzen der Gesellschaft ernstgenommen fühlen, wäre sie auch bestrebt, noch genauer die sich entwickelnden Bedürfnisse zu signalisieren. Denn ernstgenommen zu werden, würde ja bedeuten, daß die daraus entspringende Sympathie dem Produkt und dem werbenden Unternehmen gegenüber sich noch mehr auszahlten.

So gesehen, könnte die Öffentlichkeit von der Werbung viel mehr profitieren, als es bis heute der Fall ist. Sie könnte die produktbezogene Werbung für die Lösung vielfältiger Aufgaben einsetzen, ohne daß sich die Werbung dagegen wehren könnte noch wollte. Der beträchtliche Aufwand an materiellen und kreativen Leistungen, den die Werbung erbringen muß, würde somit doppelt und mehrfach genutzt. Statt einer pauschalen Ablehnung wäre eine kritische Erfassung der Werbung und konkrete Beurteilung von weit größerem Nutzen für alle Beteiligten.

2 Kommunikation im Labyrinth der Meinungen

Die Einführung einer Werbekritik

Das wichtigste, was zu schaffen wäre, um das gestörte Verhältnis zur Werbung weitgehend zu überwinden, ist die Einführung und Entwicklung einer echten Werbekritik. Kritik wohlgemerkt, nicht Verketzerung.
So wie es eine Filmkritik und eine Theaterkritik gibt, so benötigt die Gesellschaft eine Werbekritik.
Jede bedeutende Werbekampagne, ob von der Originalität oder vom Umfang her gesehen, sollte genauso öffentlich besprochen, durchleuchtet und kritisch gewürdigt werden, wie es für Filme und Theateraufführungen längst selbstverständlich ist.
Wenn Werbekampagnen von speziellen Kritikern über die Information, also über die Massenmedien und die Presse, einer würdigenden Kritik unterzogen wären, würden sie zweifellos noch sorgfältiger konzipiert und gestaltet und noch abgewogener im Markt lanciert. Von noch größerer Bedeutung wäre aber die Hilfe an die Öffentlichkeit, die eine Werbekritik erbringen könnte. Sie würde die Transparenz von Konzepten, Motiven und Botschaften erhöhen und somit ein freieres, ein unbeschwertes Verhältnis zur Werbung ermöglichen. Indem man die Werbung kritisch würdigt, analysiert und beleuchtet, nimmt man ihr den ihr angedichteten Charakter der unheimlichen Verführungskunst.

Von noch größerer Bedeutung wäre aber die Hilfe an die Öffentlichkeit, die eine Werbekritik erbringen könnte.

Werbung wird dann als das erkannt, was sie ist: ein kreativer Ausdruck von Bedürfnissen unserer Gesellschaft. Ein kreativer Ausdruck zwar, der ganz offen, ohne jegliches Versteckspiel, einem Erfolgsauftrag auf Zeit zu dienen hat. Einem Produkt, einer Institution oder einer Dienstleistung. Ein kreativer Ausdruck jedoch, der ebenfalls aktuelle Bedürfnisse des Umworbenen sichtbar mit einschließt.
Ein kreativer Ausdruck also, der die Gesellschaft widerspiegelt.
In der Tat, wer die Werbung kritisch würdigt, statt zu verketzern, würdigt im Grunde die Gesellschaft.
Umgekehrt: Die Verketzerung der Werbung ist eine verkappte Form der Verketzerung der Gesellschaft. Die Einführung einer öffentlichen Werbekritik würde langfristig die Verketzerung der Werbung aufheben. In der Folge könnte die Werbung nicht mehr als Prügelknabe mißbraucht werden. Und ein Prügelknabe weniger wäre ein Gewinn für die Gesellschaft. Dann würde man mehr gezwungen, über tatsächliche Probleme nachzudenken, statt sich über vermeintliche auszulassen. Und das wäre zweifellos ein Gewinn!

Wenn in einer Stadt an allen Plakatwänden ein Sujet angeschlagen wird, ist das von öffentlichem Interesse.

Nun muß die Frage gestellt werden, warum es bis heute eigentlich keine qualifizierte Werbekritik gibt. Zwar klagt man über die starke Präsenz der Werbung, mit der man täglich konfrontiert wird, findet es jedoch nicht für nötig, dieselbe differenziert zu beurteilen. Dies ist ein Widerspruch. Wenn eine Werbekampagne gestartet und in einer Stadt plötzlich an allen Plakatwänden ein bestimmtes Sujet angeschlagen wird und die Menschen diesem

nun für einen gewissen Zeitabschnitt immer wieder begegnen, so ist das von öffentlichem Interesse.
Sollte dieses Sujet beispielsweise die Menschen heiter stimmen oder sie ermutigen, sich mit einer Lebensauffassung oder Geisteshaltung zu identifizieren, so wäre diese Konfrontation allein schon Thema genug für eine konstruktive Werbekritik.
Als Sprecherin der Öffentlichkeit sollte sich die Werbekritik mit diesem Sujet auseinandersetzen. Nehmen wir an, es wäre ein Sujet, das einen abstoßenden Effekt hätte und die Menschen traurig stimmen würde, dann wäre es wiederum Grund genug für die Werbekritik, dazu Stellung zu beziehen.
Ein so verunglücktes Sujet würde dann sicherlich schnell wieder zurückgezogen.
Eine qualifizierte Werbekritik wäre also Hilfe für die Werbung und für die Öffentlichkeit zugleich. Da eine ernstgemeinte Werbekritik bis heute noch nicht existiert, darf man vermuten, daß die Verantwortlichen der Information immer noch glauben, Werbung sei nicht von öffentlichem Interesse.
Was große Unternehmen tun, auf welche Art und Weise sie ihre Produkte auf dem Markte führen und mit welchen Botschaften und Motiven sie über die Werbung die Öffentlichkeit ansprechen, ist scheinbar für die Gralshüter der öffentlichen Meinung nicht von öffentlichem Interesse.
Wenn die Generalversammlung eines lokalen Turnvereins, die Aufführung einer Laientheatergruppe oder eine Bilderausstellung von malenden Postbeamten mit Recht von öffentlichem Interesse ist, warum sollte denn eigentlich eine eindrückliche Werbekampagne eines großen Unternehmens, mit dem sich die Menschen für Monate konfrontiert sehen, es nicht sein?

Wir sprechen jetzt nicht von Verkaufsaktionen, dem Vorstellen von neuen Modellen oder dem Durchführen von Anlässen. Solche sind oft mit neuen Werbekampagnen gekoppelt, und die Presse wird auch freizügig eingeladen und über alle Details informiert. Über solche Aktionen, Produktvorstellungen und Anlässe wird dann auch meistens mehr oder weniger geschrieben. Nie aber über die Werbung für dieselben.

Es ist, als ob die Werbung ein Tabu wäre, über das man nicht schreibt, sondern höchstens schimpft. Möglicherweise fehlen auch die Fachkenntnisse. Die Werbekritiker sind eben noch nicht geboren. Und die Werbekritik ist als solche noch unbekannt. Manche Redaktion könnte auch von einer unterschwelligen Angst besessen sein, die großen Unternehmen zu verstimmen. Diese sind ja gleichzeitig ihre wichtigsten Inserenten. Eine Angst, die in diesem Zusammenhang unbegründet wäre, denn eine qualifizierte Werbekritik würde ja am Ende diesem Unternehmen genauso dienen wie der Öffentlichkeit. Große Unternehmen spielen zudem nicht so schnell beleidigte Leberwurst.

Es ist, als ob die Werbung ein Tabu wäre, über das man nicht schreibt.

Sollte eine konstruktive Werbekritik eine bestimmte Werbekampagne als verfehlt, falsch geraten, oberflächlich oder sogar abstoßend bezeichnen, so würde dies im besten Fall eine selbstkritische Diskussion zwischen der betreffenden Werbeabteilung und seiner Unternehmensleitung bewirken. In keinem Fall müßte die entsprechende Zeitung mit Inseratensperre oder anderen Sanktionen rechnen. Sowenig wie ein Lichtspieltheater auf die Idee käme, die Ankündigung des nächsten Filmes nicht mehr in einer Zeitung zu lancieren, nur weil in ihr der laufende Film eine ungnädige Filmkritik erfahren hatte.

Große Unternehmen spielen zudem nicht so schnell beleidigte Leberwurst.

Würde zudem ein Unternehmen auf eine kritische Beurteilung ihrer Werbung empfindlich reagieren und Inseratensperrung verhängen, würde es gleichzeitig sich selbst von einem Teil des Marktes ausschließen. Denn jede Zeitung vertritt auch einen Teil des Marktes. Die Zeitungen sind wichtige Medienträger der Werbung. Und sich selbst von den Medien auszuschließen, kann sich kein Unternehmen auf die Dauer leisten.

Schleichwerbung als Manipulation

Was für die Presse gilt, gilt in noch viel größerem Maße für Radio und Fernsehen. Niemand kann es sich leisten, sich von den Massenmedien auszuschließen. Nun haben aber die öffentlichen Monopolmedien die strikte Auflage, keine sogenannte Schleichwerbung zuzulassen. Prinzipiell ist dem auch zuzustimmen, denn Schleichwerbung ist keine richtige Werbung. Sie wird in eine Information eingeschmuggelt. Ein Beispiel: Wenn eine Fußballmannschaft auf einer Reise gefilmt wird und die Idole der Fußballfans im Film ständig eine Reisetasche mit dem Aufdruck eines bekannten Reisebüros herumschwenken, die man ihnen vorher gegen ein Entgelt in die Hand gedrückt hatte, dann wäre das Schleichwerbung. Wenn sie nun aber zufällig eine solche Reisetasche bei sich haben und diese wirklich ebenfalls zufällig, und nicht von der Regie veranlaßt, im Bild sichtbar wird, dann kann man nicht von Schleichwerbung sprechen. Denn wo Produkte und Werbung ganz einfach Wirklichkeit geworden sind, werden diese im Rahmen einer objektiven Informationssendung ebenfalls sichtbar. Dann gehört das zur Wirklichkeitswiedergabe wie jedes andere Sichtbarwerden von Dingen und Situationen.

Prinzipiell ist Schleichwerbung keine richtige Werbung.

Also, sollten in einer Reportagesendung über eine Massenveranstaltung auf einem Freiluftgelände in Italien viele kleine Fiats zu sehen sein, dann ist das eine Information über diese Massenveranstaltung und keine Schleichwerbung für Fiat. Wenn ein Kameramann bei einer Filmaufnahme über ein Rockkonzert eine Ansammlung von Motorrädern und Motorvelos aufnimmt, dann informiert er über die Teilnehmer dieser Veranstaltung und macht keine Schleichwerbung für Motorräder und Motorvelos. Wenn in einer Reportage über Jugendclubs zu sehen ist, daß viele Junge ein bestimmtes, alkoholfreies Tafelwasser trinken, ist das keine Schleichwerbung für dieses Tafelwasser, sondern eine Information über Trinkgewohnheiten der Jugend in ihren Clubs.

Wenn man also von Schleichwerbung spricht, dann muß man genau wissen, wo Schleichwerbung beginnt und wo sie aufhört.

Wo Produkte und Werbung zur Umwelt geworden sind, ist deren Wiedergabe keine Schleichwerbung, sondern Information über diese Umwelt.

Schleichwerbung ist bewußtes Einschmuggeln von Produkten oder Symbolen in die Wiedergabe einer Information, die an sich gar nicht vorhanden waren. Sie ist abzulehnen, da sie nur über einen Mißbrauch der Information möglich wird. Sie ist abzulehnen, weil die Information einer objektiven Wiedergabe der Wirklichkeit verpflichtet ist und das Zulassen von Schleichwerbung einer falschen Wiedergabe der Wirklichkeit gleichkommt. Dies wiederum wäre in der Tat eine Form der Manipulation.

Schleichwerbung ist abzulehnen, da sie nur über einen Mißbrauch möglich wird.

Werbung an sich kann gar keine Schleichwerbung betreiben, da sie ja immer als Werbung in Erscheinung tritt. Schleichwerbung ist nur über die Information möglich. Sie ist auch deshalb abzulehnen, weil sie die Information korrumpiert und ihre Glaubwürdigkeit untergräbt.

Keine Schleichwerbung hingegen liegt im weiteren dort vor, wo die Werbung als Mäzen auftritt. Gemeint ist das Mieten von Werbeflächen an neuralgischen Punkten großer Sportanlässe mit dem Wissen, daß diese durch die obligatorischen Fernsehübertragungen automatisch im Bildschirm sichtbar werden.

Denn diese Werbung ist in einen größeren Zusammenhang gestellt, tritt unabhängig von den Zuschauern und Akteuren in Erscheinung und ist klar und eindeutig auf dem ihr zugewiesenen Platz sichtbar. Der Fernsehzuschauer weiß, daß diese Werbung geholfen hat, den entsprechenden Anlaß zu finanzieren und nur aufgrund einer Vereinbarung zwischen Veranstaltern, Werbetreibenden und Fernsehen möglich geworden ist. Diese Werbung ist also Ausdruck einer klaren, offiziellen Vereinbarung und ist auch über den Bildschirm eindeutig als Werbung zu erkennen. Der Unterschied von Werbung und Schleichwerbung bei den Massenkommunikationsmedien liegt darin, daß Werbung immer offiziell und als solche sichtbar in Erscheinung tritt, hingegen Schleichwerbung rein «zufällig» in irgendwelche Information hineingeschmuggelt wird. Würden Fernsehen und Radio Sendungen einführen, die einer qualifizierten Werbekritik gewidmet wären, dann könnte

Würden Fernsehen und Radio Sendungen einführen, die einer qualifizierten Werbekritik gewidmet wären, dann könnte man diese nicht als Schleichwerbung disqualifizieren.

man diese nicht als geheimes Mittel der Schleichwerbung disqualifizieren. Auch dann nicht, wenn logischerweise Firmen und Produkte im Zusammenhang einer Diskussion über ihre Werbekampagnen namentlich genannt werden müßten. Sollte eine bestimmte Werbekampagne analysiert und sowohl ihr kreativer Ausdruck wie das damit verbundene Produkt positiv gewürdigt werden, dann hätte das verantwortliche Unternehmen diese Anerkennung auch verdient. Sollte jedoch eine eher negative Bewertung erfolgen, dann ebenfalls! Das Risiko der Bewertung hätten in jedem Fall die Unternehmen zu tragen. Sie würden zweifellos die Analysen der offiziellen Werbekritik zu respektieren verstehen.

Die Werbekritik würde dann zu einer neutralen dritten Kraft, die den Informationsfluß zwischen Produkten und Konsum intensivieren und durchschaubarer machen könnte. Und dies im gegenseitigen Sinne. Noch mehr, den Massenmedien wäre es möglich, die angesprochenen Konsumenten zu Wort kommen zu lassen und sie mit den verantwortlichen Produktgestaltern und Werbefachleuten direkt zu konfrontieren. Die so geführten Diskussionen und Interviews könnten die Kommentare der Werbekritiker ergänzen und somit zu einer interessanten Steigerung des gegenseitigen Verständnisses führen.

Das gegenseitige Verständnis aller Beteiligten führt wiederum zu einem Abbau eines weiteren Unbehagens breiter Kreise der Bevölkerung. Ein Unbehagen, das kurzsichtigerweise ebenfalls – wenn auch indirekt – der Werbung angelastet wird. Ich meine, die Sorge um die Umweltverschmutzung.

Lebensstandard und Umwelt

Es ist an sich klar, daß jede positive Entwicklung im Keim eine negative Folge in sich trägt. Wenn man Auto fährt, produziert man Abgase. Wenn man Siedlungen baut, dann verändert man die Natur. Wenn man Medikamente in Massen produziert, dann stößt man Gifte in die Luft oder ins Wasser. Diese Folge könnte beliebig fortgesetzt werden. Die Frage ist nur, soll man das Rad wieder zurückdrehen oder versuchen, die negativen Folgen einer positiven Entwicklung in den Griff zu bekommen.

Soll man nun die Autos wieder abschaffen oder Geräte entwickeln, die Abgase verunmöglichen? Soll man keine Siedlungen mehr bauen oder die gemachten Fehler erkennen und planvoller bauen? Kurz, die Frage ist, soll man den endlich erreichten Lebensstandard wieder senken oder die negativen Auswirkungen unter Kontrolle bringen?

Es ist doch eigentlich klar, daß ein hoher Lebensstandard, an dem viele Menschen teilhaben, mehr Abfälle mit sich bringt, als wenn es diesen Standard nur für eine Minderheit gäbe. Es ist ebenso klar, daß jegliche Propaganda für eine Senkung des Lebensstandards im Namen der Erhaltung der Lebensqualität auf eine Senkung des Lebensstandards der breiten Schichten der Bevölkerung zielt. Könnte man nicht statt dessen die Umweltverschmutzung bei Erhaltung des Lebensstandards für alle direkt in den Griff bekommen? Und dadurch die Lebensqualität steigern, was einer qualitativen Steigerung des Lebensstandards gleich käme?

Wenn auf einer schönen Insel im Mittelmeer, wo früher 1000 Menschen campierten, nun 100000 ihre Zelte aufstellen, dann ist es doch logisch, daß 100mal mehr Abfälle anfallen werden. Ganz automatisch tritt ein weiteres Stück Umweltverschmutzung ein.

Es ist doch klar, daß ein hoher Lebensstandard, an dem viele Menschen teilhaben, mehr Abfälle mit sich bringt.

Löst man nun das Problem, indem man fordert, daß 99000 wieder auf das Zelten verzichten sollen, was darauf hinausliefe, daß wiederum nur eine Elite sich den Luxus dieser Form des Urlaubs leisten dürfte, oder löst man nun das Problem, indem man spezielle Anlagen einrichtet und im weiteren spezielle Geräte entwickelt, die im Nu jegliche Abfälle verschwinden lassen können?

Wenn man bedenkt, welche Unsummen die heutige Rüstung verschlingt, die dem einzigen Ziele dient, die Menschheit wie Insekten zu vernichten, und sich vor Augen hält, wie viele Tausende von Wissenschaftlern für Milliarden von Dollars oder Rubeln an irgendwelchen Menschheitsvernichtungsmitteln und -methoden arbeiten (die Bezeichnung «Waffen» sind für die heutigen Atomraketen und anderen Massenvernichtungsmethoden nicht mehr zulässig), dann darf man ruhig annehmen, daß nur ein Teil dieser Summen genügen würde, um die wichtigsten Umweltverschmutzungsprobleme zu lösen.

Rüstung oder Lebensqualität

Würde man die öffentlichen Mittel konzentriert für eine sinnvolle Erhaltung des Lebensstandards einsetzen, dann ginge das zweifellos auf Kosten der Ausgaben für die Rüstung. Man könnte dann zum Beispiel Geräte für die Wiederverwertung von Abfällen bauen oder neuartige Entgiftungsanlagen und -methoden entwickeln, die zu einer echten Steigerung der Lebensqualität führten.

Tatsächlich, würde nur ein Teil der riesigen Summen, die heute weltweit einer immer sinnloser werdenden Rüstung geopfert werden, für die Bewältigung der Umweltverschmutzung freigestellt, dann würde das Problem der Umweltverschmutzung in absehbarer Zukunft nicht mehr bestehen.

Das gleiche gilt für soziale Not und wirtschaftliche Rückständigkeit. Die sogenannten armen Staaten der Dritten Welt glauben genötigt zu sein, den überwiegenden Teil ihrer Staatsausgaben für unrentable Prestigeobjekte oder gewaltig übertriebene, ja unsinnige Militäranlagen ausgeben zu müssen.

Die Steigerung des Lebensstandards ist im Grunde ein Kampfmittel gegen die Selbstvernichtung der Menschheit.

Die Steigerung des Lebensstandards, das heißt des Konsums an materiellen und geistigen Gütern, ist im Grunde genommen ein Kampfmittel gegen die Selbstvernichtung der Menschheit. Denn jeder für ein

Konsumprodukt ausgegebene «Dollar» kann nicht mehr der Rüstung zugeführt werden.

Die Propaganda für eine Stagnierung, ja Senkung des Lebensstandards, um scheinbar die Lebensqualität zu erhalten, wird gewollt oder ungewollt zu einer Propaganda für die Erhaltung der Militärausgaben. Denn die heute vorhandenen Mittel sind an sich ausreichend, um sämtliche negativen Folgen eines gesteigerten Lebensstandards in den Griff zu bekommen. Sie sind aber nicht ausreichend, um dies zu tun und gleichzeitig eine gewaltige Rüstung zu finanzieren. Also kann das eine nur auf Kosten des anderen erfolgen.

Dieser innere Widerspruch wird in Parlamentsdebatten über die Verteilung der öffentlichen Ausgaben immer wieder sichtbar. Wie viele Prozente des Staatsbudgets können für die Erziehung, die Kultur und die Bewältigung der Umweltprobleme eingesetzt werden und wie viele Prozente fehlen, weil sie der Rüstung zugeführt werden müssen!

Da die Menschheit leider noch nicht ihren inneren Frieden gefunden hat und die Toleranz ein wohl viel gepriesenes, aber in der Politik selten angewandtes Wort ist, dürfen sich selbstverständlich auch die Verfechter erhöhter Rüstungsausgaben im Glauben wiegen, sie dienten keiner bestimmten Lobby, keinem enger gezogenen Interesse, sondern einem Anliegen der ganzen Öffentlichkeit. Das Traurige ist nur, daß dem nicht so ist.

Jedes Land, jede Staatengruppe, jede sogenannte ideologisch ausgerichtete Gesellschaftsform gefällt sich im Glauben, ihre eigene Sicherheit sei durch die Sicherheit der anderen bedroht.

Doch die Sicherheit der Menschheit wird längst durch die Rüstung gefährdet, eingeschlossen jeweils auch der eigenen. Längst, will heißen, seit wir ins Atomzeitalter eingetreten sind. Seitdem rüstet man für den großen Krieg, der nicht mehr geführt werden kann. Die sogenannten Atomwaffen haben höchstens noch den Sinn, sich gegenseitig so lange in Schach zu halten, bis der Krieg des Geistes durch eine Kette von Diskussionen abgelöst wird, die dann schließlich zum geistigen Frieden führen können. Warum? Weil Diskussionen wiederum durch immer verständlichere Gespräche abgelöst werden können, da sie das Anhören des Gegners voraussetzen. Die brachiale Gewalt dagegen, der Schwertstreich, verhindert dies, weil sie den Gegner tötet.

Der letzte Sinn moderner Atomrüstung liegt, positiv gesehen, höchstens darin, die Menschheit zu bewegen, ihre ideologischen Kriege so schnell wie möglich aufzugeben, das heißt über einen geistigen, politischen Friedensprozeß sich vom Schrecken eines möglichen Atomkrieges zu befreien. Die ganze Atomrüstung wird und muß demnach schließlich wieder rückgängig gemacht werden. Früher oder später wird die Menschheit vor dem Problem stehen, die Ansammlung von höchst gefährlichen Waffen wieder loszuwerden. Sie wird nochmals so viele Mittel brauchen, um gefährlichste Giftstoffe, Atom-, Wasserstoff-, Kobalt- und Neutronenbomben zu vernichten oder in den Weltraum zu schießen.

Die ganze Atomrüstung wird und muß demnach schließlich wieder rückgängig gemacht werden.

Probleme, mit denen sich dann unsere Kinder und Enkel auseinandersetzen müssen, wenn sie bis dahin mit dem Pulverfaß noch nicht in die Luft geflogen sind. Wer heute behauptet, daß wir auf Kosten unserer Kinder und Enkel lebten, weil wir einen zu hohen Lebensstandard haben, der ist entweder kurzsichtig oder naiv. Naiv in dem Sinne, daß er nicht einsehen kann, worin der Unterschied zwischen dem Einsetzen von Energien und Mitteln für einen angemessenen Lebensstandard und dem gigantischen Verschleiß von Energien und Mitteln für eine sinnlose Selbstbedrohung liegt.

Daß ein Verschleiß von Energien stattfindet, ist unbestritten. Die Frage ist nur wofür. Wird eine Energiequelle, nehmen wir an Erdöl, dazu verwendet, um verschlissen zu werden, etwa durch ständiges Herumfahren gewaltiger Kriegsschiffe oder moderner Flugzeugträger voller teuerster Elektronik, die in zehn bis zwanzig Jahren zum alten Schrott geworfen werden müssen, dann darf man allerdings sagen, daß wir auf Kosten unserer Kinder und Enkel leben. Erst in einem solchen Fall kann von einem Verschleiß von Energie die Rede sein.

Daß ein Verschleiß von Energien stattfindet, ist unbestritten. Die Frage ist nur wofür.

Wenn aber Energievorräte temporär übermäßig beansprucht werden, um einen höheren Lebensstandard für alle Länder zu verwirklichen, dann schließt das selbstverstandlich mit ein, daß durch dic Erhöhung des Standards die Mittel und die geistigen Kräfte frei werden, um neue Energien zu finden und zu schaffen, die diese temporäre Überbeanspruchung der vorhandenen in weit größerem Maße zu ersetzen imstande sein werden. Man kann nicht mehr von einem Verschleiß, sondern von einer Energiekonzentration sprechen. So wie es eine Kapitalkonzentration bei der Gründung einer Firma braucht. Man könnte also auch diese Erscheinung als temporär bedingten Energiekredit bezeichnen. Ein Kredit allerdings, der in absehbarer Zeit eingelöst werden muß. Ein Kredit aber auch, ohne den eine entscheidende Weiterentwicklung nicht möglich wäre. Der Anspruch auf eine Erhöhung des Lebensstandards für alle Länder schließt den Anspruch auf Erhaltung des Erreichten für die industrialisierten Länder mit ein. Gerade dieser Anspruch kann die treibende Kraft sein, die auf eine Einlösung des Energiekredites dringt, die im tiefsten Grunde gegen einen Verschleiß der eigenen Quellen sein muß und für eine sinnvolle Verwendung des einmal gegebenen Energiekapitals mit der Zielsetzung der Schaffung neuer, dauernder Energien einsteht, weil das die einzige Möglichkeit ist, den Standard langfristig zu erhalten.

Unsere moderne Massenkonsum- und Produktionsgesellschaft ist ihrem innersten Wesen nach eine friedliche und somit zukunftsträchtige Gesellschaft, weil der Krieg ihrer Selbstauflösung gleichkäme. Mit anderen Worten, jedes mehr getrunkene Glas Wein, jedes mehr gekaufte Buch ersetzt eine Patrone, die nicht mehr produziert werden kann. Jedes Regime, das auf einen Krieg hinzielt, appelliert, den Gürtel enger zu schnallen. Es sei denn, es verpflichtet sich ganz eindeutig, dies nur im Sinne einer Erhöhung des Lebensstandards für alle Länder dieser Welt zu verlangen. Dann bleibt es aber seinem Versprechen verpflichtet. Menschen, die ihren Gürtel (auch an geistigen und kreativen Gütern) nicht mehr enger schnallen, finden immer weniger Gefallen am Krieg beziehungsweise an ihrem eigenen Tod. Der Massenkonsum ist eine Waffe

Unsere moderne Massenkonsum- und Produktionsgesellschaft ist ihrem innersten Wesen nach eine friedliche Gesellschaft.

des Friedens. Wer sich zum heutigen Lebensstandard bekennt, der sollte sich auch für dessen Erhaltung und Ausweitung einsetzen. Wer das tut, der anerkennt grundsätzlich unsere Massenkonsum- und Produktionsgesellschaft. Und ein freimütiges Bekennen zu ihr ermöglicht auch ein ungestörtes Verhältnis zur Werbung. Die Werbung ist dann nicht mehr das böse Ungeheuer, das es abzulehnen und vor dem es zu fliehen gilt, sondern ein modernes Ausdrucksmittel im Dienste des vielfältigen Fortschritts.

Ein Bekenntnis zu den Grundlagen unserer modernen Gesellschaft schließt die Anerkennung der Werbung mit ein. Das eine kann vom anderen nicht getrennt werden. Wo diese Erkenntnis durchdringt, hat die Werbung aufgehört, als Prügelknabe mißdeutet zu werden.

Die Öffentlichkeit kann ein freieres Verhältnis zur Werbung entwickeln, das gleichzeitig auch ein kritischeres sein wird.

Die Öffentlichkeit kann ein freieres, unbeschwerteres Verhältnis zur Werbung entwickeln, das gleichzeitig auch ein kritischeres sein wird. Öffentliche Institutionen und Dienstleistungsbetriebe, wie zum Beispiel die Verkehrsbetriebe einer Stadt, werden sich dann bereitwilliger der Werbung bedienen, um bestimmte Probleme zu lösen oder neue Bedürfnisse zu entdecken (nicht zu erfinden) und deren Befriedung zu finden. Beispielhaft sei hier die Einführung des ersten Umweltschutz-Abonnements durch die Basler Verkehrsbetriebe (Straßenbahnen, Elektrobusse usw.) genannt: Eine sehr erfolgreiche Aktion, für die eine frische originelle Werbung – im Auftrag eines subventionierten staatlichen Unternehmens – selbstverständlich eingesetzt wurde und echte Öffentlichkeitsarbeit leistete. Die Werbefachleute schließlich werden die ihnen gebührende gesellschaftliche Anerkennung für ihre Leistungen erlangen und dadurch eher bereit sein, an ehrenamtlichen, kommunalen und lokalen Verwaltungen oder Ausschüssen mitzuarbeiten. Ihr kreatives Können und ihr organisatorisches Geschick wird vermehrt öffentlichen Aufgaben zugute kommen.

Um dieses Ziel zu erreichen, gilt es nun, den Kreuzzug aus dem Labyrinth der Fehlvorstellungen und Fehlurteile anzutreten und glücklich zu vollenden. Dazu sind nicht nur alle Vertreter politischer Institutionen und der Informationsmedien aufgerufen, sondern auch alle verantwortungsbewußten Werbefachleute. Auch sie sind aufgerufen, sich zu ihrem Engagement für die Werbung zu bekennen und allen vorhandenen Mißdeutungen und Vorurteilen nicht mehr auszuweichen, sondern überall, wo sie auftreten, in aufklärendem Sinn entgegenzuwirken. Es ist in erster Linie die Aufgabe der Werbefachleute selbst, also auch ihrer Organisationen und Publikationen, für die Abschaffung der demütigenden und letztlich der Gesamtheit schadenden Rolle der Werbung als Prügelknaben zu sorgen.

Es gilt, den Kreuzzug aus dem Labyrinth der Fehlvorstellungen zu vollenden.

Es ist ihre Aufgabe, die Funktion der Werbung in der Gesellschaft transparenter werden zu lassen und die notwendigen Aufklärungsarbeiten zu leisten.

Die multiintegrale Öffentlichkeit

Man spricht gerne von Öffentlichkeit, ohne abzugrenzen, welche Gruppe von Menschen man darunter versteht. Theoretisch ist das gemeinsame Wissen aller Mitglieder einer Gemeinschaft gemeint. Dahinter steht die abstrakte Vorstellung einer allumfassenden wissenden Gesellschaft als Ganzes.
Wenn ein Buch gedruckt wird und auf den Markt kommt, dann spricht man von Veröffentlichung, obwohl nicht gesagt wird, daß alle Menschen dieses Buch kaufen, im weiteren auch lesen oder überhaupt das Erscheinen dieses Buches zur Kenntnis nehmen.
Wird ein Geschehnis in einer Fernsehsendung aufgegriffen und kommentiert, spricht man von öffentlicher Bekanntmachung, obwohl niemand genau weiß, wie viele Menschen zu diesem Zeitpunkt den Fernseher eingeschaltet haben.
Erscheint eine Reportage in einem Magazin, spricht man von Publizierung, obwohl nur ein beschränkter Teil der Menschen dieses Magazin kauft und davon ein noch kleinerer Teil die Reportage beachten wird. Wenn man also sagt, es sei etwas veröffentlicht worden, ist noch lange nicht gesagt, daß die ganze Gesellschaft dies zur Kenntnis genommen hat. Aus diesen Tatsachen ist der Schluß zu ziehen, daß die Öffentlichkeit kein monolithisches Gebilde sein kann.
Das Gemeinsame aller Formen von Veröffentlichungen

Wenn man sagt, es sei etwas veröffentlicht worden, ist noch nicht gesagt, daß die Gesellschaft dies zur Kenntnis genommen hat.

ist zweifellos die freie Zugänglichkeit für jedermann. Es ist jedoch nicht von der Hand zu weisen, daß die freie Zugänglichkeit für jedermann noch lange nicht garantiert, daß auch jedermann den Zugang findet.

Die Öffentlichkeit ist ein Gebilde, das aus einer Vielzahl sich immer wieder wandelnder Öffentlichkeiten besteht.

Öffentlichkeiten, die sich zum großen Teil überschneiden, oft aber auch nur am Rande und ebensooft sich überhaupt nicht berühren.

Jede Branche, jede Partei, jede Sportart oder jede kulturelle Organisation, die eine bestimmte Vielzahl von Menschen erfassen, verkörpern eine in sich geschlossene eigene Öffentlichkeit.

So gibt es eine Öffentlichkeit der Chemiker, der Ärzte, der Golfspieler, der Autorennfahrer, der Parteimitglieder, der Bankangestellten, der Beamten, der Schullehrer, der Theaterleute, der Journalisten, der Bauingenieure oder der Hotelfachleute. Die Öffentlichkeit eines bestimmten Quartiers, eines Dorfes, einer Kleinstadt, einer Großstadt, einer Region, eines Landes, eines Kontinents und schließlich der ganzen Welt.

Diese Beispiele der Öffentlichkeiten könnten beliebig fortgesetzt werden, und alle müßten verkettet und verschachtelt, einander neben- und übergeordnet gesehen werden, damit man vor dem geistigen Auge das höchst komplizierte Gebilde erkennen könnte, das man schlechthin mit dem Wort Öffentlichkeit bezeichnet.

Je vielfältiger und komplizierter eine Gesellschaft

wird, desto vielfältiger und komplizierter wird ihre Öffentlichkeit. Kein Medium ist in der Lage, die Öffentlichkeit als Ganzes zu erreichen, geschweige zu engagieren.
Alle Menschen leben je nach Bedarf und Engagement im Beruf und in der Freizeit in einer Vielfalt von Öffentlichkeiten, wovon sich einige mit derjenigen der Mitmenschen decken und andere nicht.
Sollten zwei Mitarbeiter einer Firma auch die gleichen Mitteilungen und die gleichen Firmenzeitungen lesen und somit eine gemeinsame Öffentlichkeit haben, so wird zum Beispiel nur der eine, der in der Freizeit Briefmarken sammelt, die Fachzeitschriften der Briefmarkensammler lesen und somit an einer weiteren Öffentlichkeit partizipieren, die ihn von seinem Arbeitskollegen wiederum trennt. Wenn er nun diesem Kollegen beim abendlichen Bier über die Geheimnisse des Briefmarkensammelns erzählt, hat er automatisch die Öffentlichkeit der Briefmarkensammler um einen Interessenten ausgeweitet.

Je vielfältiger eine Gesellschaft wird, desto komplizierter wird ihre Öffentlichkeit.

Dieser Kollege, selbst immer noch nicht Briefmarkensammler, wird daraufhin eine lapidare Zeitungsmeldung über einen Briefmarkendiebstahl schon viel aufmerksamer lesen und sich vielleicht sogar die Namen der gestohlenen Marken merken. Begegnet er später einer anderen briefmarkensammelnden Familie, so wird er sich in der Unterhaltung diesem Thema widmen und unter Umständen sogar die Sammlung zeigen lassen.
An diesem Beispiel soll nur gezeigt werden, daß das Gebilde der ineinander verketteten Öffentlichkeiten

ein dynamisches ist. Öffentlichkeiten weiten sich aus oder schrumpfen wieder ein.

Öffentlichkeiten manifestieren sich über Anlässe, Geschehnisse und Publikationen.

Die modernen Massenmedien greifen sie heraus, stellen sie einer weiteren Vielfalt von Öffentlichkeiten vor und lassen sie wieder ihrem Eigenleben anheimfallen. Öffentlichkeiten manifestieren sich über Anlässe, Geschehnisse und Publikationen, schaffen ihre eigenen Suböffentlichkeiten, entwickeln sich in die Breite und in die Höhe und unterteilen sich wieder zu hierarchisch geordneten neuen Öffentlichkeiten.
Nehmen wir als Beispiel des Ausweitens und Aufteilens die Öffentlichkeit des Fußballsports.
Aus wie vielen Öffentlichkeiten mag diese bestehen? Es seien nur einige aufgezählt. Nehmen wir an, in einem Land gibt es viele Fußballclubs. Alle diese Clubs bilden in sich je eine Öffentlichkeit. In jedem Verein kennen sich die Mitglieder gegenseitig und sind interessiert an sämtlichen Belangen ihres Clubs.
Organisieren sie einen Jahresschlußball, so verkaufen sie Eintrittskarten und Programmhefte an ihre Freunde, Bekannte und Verwandte und erreichen somit einen weiteren Kreis von Öffentlichkeit, der aber lokal auf den jeweiligen Verein bezogen bleibt. Der Jahresschlußball eines Vereins in einer anderen Ecke des Landes liegt nicht mehr in ihrem Interessenbereich.
Es ist aber anzunehmen, daß die Clubs einem Regional- oder Landesverband angehören und dahin ihre Präsidenten delegieren, um an den Arbeiten dieser übergeordneten Verbände mitzuwirken. Was an diesen Sitzungen besprochen wird, bildet in sich wieder eine weitere Öffentlichkeit, die nicht mehr allen Vereins-

mitgliedern der Clubs, sondern nur noch deren Vorstandsmitgliedern zugänglich ist.
Das gleiche gilt für die Trainer und Schiedsrichter. Diese werden wiederum eigene Verbände bilden, um Erfahrungen auszutauschen und eigene Interessen besser vertreten zu können. Alle Schiedsrichter eines Landes bilden somit wiederum eine Art Suböffentlichkeit des Fußballsports, an der nur noch ein Teil aller Fußballaktiven angeschlossen ist. Allerdings werden gewisse Informationen dieser nun schon verschiedenen Suböffentlichkeiten möglicherweise über ein zentrales Publikationsorgan des Landesverbandes, das allen Vereinsmitgliedern sämtlicher Clubs zugestellt wird, weitergeleitet.
Was dann aber alle Vereinsmitglieder sämtlicher Fußballclubs lesen können, das weiß die viel größere Zahl der Zuschauer noch lange nicht, die sich an den Sonntagen in die Stadien drängen. Diese bilden nun wiederum einen zusätzlichen Teil der Fußballöffentlichkeit. Sie sind über bestimmte Zusammenhänge informiert und beziehen ihre Informationen aus der Sportpresse. Die Sportpresse erreicht zudem noch einen weiteren Kreis von Fußballinteressenten, die nicht oder nicht mehr die Fußballstadien aufsuchen. Somit wird wiederum ein Kreis von Fußballöffentlichkeit gebildet. Und zu guter Letzt werden Meisterschaftsspiele durch das Fernsehen übertragen und somit zusätzlich viele Menschen erreicht, die prinzipiell die Sportpresse nicht lesen. Wiederum ist ein noch größerer Kreis der Fußball-

Was Vereinsmitglieder sämtlicher Fußballclubs lesen können, das weiß die viel größere Zahl der Zuschauer noch lange nicht.

öffentlichkeit gezogen. Jeder Kreis dieser Öffentlichkeiten unterscheidet sich von den anderen dadurch, daß ihnen jeweils nur ein Teil des gesamten Informationspotentials zugänglich ist und sie selbst von ihrer Stellung und ihrem Engagement zum Fußballsport her auch nur ein beschränktes Interesse haben können.

Die Dichte des Wissens anderer Kreise vermindert sich von innen nach außen oder von oben nach unten.

Das gemeinsame Interesse aller dieser Kreise ist das Interesse am Fußballsport schlechthin, und jeder Kreis schließt gleichzeitig etwas vom Wissen der anderen Kreise mit ein. Die Dichte des Wissens anderer Kreise vermindert sich von innen nach außen oder von oben nach unten.

Die Mitglieder des Zentralvorstandes des Landesverbandes werden sehr wahrscheinlich am meisten wissen, was auch die Spieler wissen, was auch die Schiedsrichter wissen, was auch die Vereinsmitglieder wissen, was auch das Stadienpublikum und was auch die Sportpresse und was schließlich das Fernsehpublikum weiß.

Umgekehrt, das Fernsehpublikum wird weniger wissen als das Stadienpublikum und das Stadienpublikum weniger als die Vereinsmitglieder, die Vereinsmitglieder weniger als die aktiven Spieler, die aktiven Spieler weniger als die Vorstandsmitglieder und die Vorstandsmitglieder weniger als die Mitglieder des Zentralvorstandes.

Obwohl diese verschiedenen Fußballöffentlichkeitsebenen in sich geschlossene Kreise bilden, hat jede Öffentlichkeitsebene die Tendenz, die sie berührenden Öffentlichkeitsebenen zu integrieren. Und zwar nach oben wie nach unten, nach innen wie nach außen. Die Sportpresseleser möchten wissen und spekulieren, was in den Vorständen der Vereine intern behandelt wird, und die Mitglieder des Zentralvorstandes möchten wiederum wissen, wie die Stadienbesucher fühlen und denken. Durch die Weitergabe von Insider-Informationen einerseits oder Publikumsbefragungen andererseits finden an diesem Beispiel die gegenseitigen Integrationsbemühungen ihren Ausdruck. Die Informationsmedien leisten mit Interviews und Reportagen noch das übrige dazu.

Man kann heute von einer multiintegralen Öffentlichkeit sprechen.

Da die gesamte Öffentlichkeit nicht nur aus einer Fußballöffentlichkeit, sondern aus einer kaum überschaubaren Zahl von weiteren Öffentlichkeitskreisen besteht, kann man heute von einer multiintegralen Öffentlichkeit sprechen.

Multi heißt viel und Integration heißt die Zusammenführung von einer Vielheit von Personen oder Gruppen zu einer gesellschaftlichen Einheit. Das multiintegrale Bemühen entspringt aus dem Bedürfnis, die immer mehr auseinanderstrebenden und sich differenzierenden Öffentlichkeitsebenen wieder zusammenzuführen.

Die laufenden Integrationsbemühungen erhalten viele Impulse und werden von verschiedenen Kräften getätigt. So vor allem von den Informationsmedien, aber auch von politischen und kirchlichen Organisationen, Jugendverbänden, Schulen, Kultur- und Freizeitinstitutionen.

Einen nicht zu unterschätzenden Beitrag leistet aber auch in dieser Beziehung die Werbung. Das hängt wiederum damit zusammen, daß sich die Werbung

einen Verschleiß der Werbemittel nicht leisten kann und ganz von selbst darauf achtet, mit einem möglichst kleinen materiellen Aufwand einen möglichst großen Erfolg zu tätigen.
Es gibt kein Produkt und keine Dienstleistung, an der jedermann im gleichen Maße interessiert wäre. Die Werbung richtet sich also an sogenannte Zielgruppen, die ein starkes Interesse für das anzubietende Produkt aus ihren materiellen oder geistigen Anlagen bereits schon mitbringen. Eine solche Zielgruppe bildet immer eine in sich geschlossene Öffentlichkeitsebene. Das schließt die Öffentlichkeit als Ganzes aus. Da aber gleichzeitig auch das Potential der zukünftigen Mitglieder dieser Zielgruppe zu erfassen ist, werden die nächststehenden, sie berührenden Öffentlichkeitskreise in die Werbung miteinbezogen.
Am Beispiel des Fußballsports: Wenn ein Unternehmen Fußballschuhe produziert, umfaßt die erste Zielgruppe bestimmt einmal sämtliche Vereinsmitglieder aller Fußballclubs. Eine Werbung würde bestimmt in ihren Programmheften und Vereinsmagazinen plaziert. Wo liegt aber die nächste Zielgruppe? Wo liegt das Potential der möglichen Fußballspieler? Sicher bei einem Teil der Jugend. Doch wie läßt sich dieser Teil von der Gesamtjugend selektionieren? Jetzt darf angenommen werden, daß Väter, die sich für Fußball interessieren, nicht selbst Spieler, sondern Stadienbesucher sind, einen Teil ihres Engagements auf ihre Söhne übertragen. Also ist die nächste Zielgruppe bei den Stadienbesuchern der Fußballspiele zu finden. Diese wiederum können

Wirbt man aber nun für Fußballschuhe, so wirbt man automatisch auch für das Fußballspielen.

durch Werbeflächen in Sportstadien selbst oder im weiteren durch die Sportpresse erfaßt werden. Wirbt man aber nun für Fußballschuhe, so wirbt man automatisch auch für das Fußballspielen.
Bei Subzielgruppen (Stadienbesucher) werden für die Ansprache der Hauptzielgruppe heranwachsende Jugendliche beworben. Das Verständnis für die Hauptzielgruppe wird mit Mitteln der Werbung bei den Subzielgruppen verstärkt. Gleichzeitig werden Gefühle und Gedanken der Subzielgruppen («Warum bin ich nicht selbst aktiver Fußballspieler geworden?») über das Mittel der assoziativen Werbung (Botschaft, Slogan) der Hauptzielgruppe vertraut gemacht. Somit unterstützt die Werbung, gewollt oder ungewollt, das Bemühen um eine verstärkte Integration unserer Gesellschaft. Sie wirbt notgedrungen für die Anliegen der multiintegralen Öffentlichkeit.
Da das sich verästelnde Spezialistentum und die wachsenden Lebensqualitäten durch den steigenden Lebensstandard immer mehr Öffentlichkeitskreise entstehen lassen, bedingen öffentliche Anlässe oder Anliegen, die nicht von der Wirtschaft her kommen, ein stärkeres Einsetzen der Werbung. Denn nur die Werbung ist genügend qualifiziert, um eine Botschaft konzeptionell durchdacht und gewichtet mit der notwendigen Kombination von Haupt- und Subzielgruppen zum richtigen Zeitpunkt anzubringen.

Nur die Werbung ist genügend qualifiziert, um eine Botschaft konzeptionell durchdacht zum richtigen Zeitpunkt anzubringen.

Wo in solchen Zusammenhängen die Notwendigkeit eines Einsatzes von Werbung noch übersehen wird, da stellen sich die Mißerfolge auch prompt ein.

Ich erinnere mich an ein Beispiel, das kürzlich in einer größeren Schweizer Stadt passierte. Eines Tages traf ich an einem Samstagabend, nach Ladenschluß, im Stadtzentrum überraschend auf einen groß angelegten Umzug. Was war los? Ein kantonales Fest der Blasmusiken fand statt. An die zwei Stunden zogen Blasmusikgruppen, Volkstanzgruppen, Ehrengäste, historische Bilder und Figuren und wieder Blasmusiken inklusive der Feuerwehr- und Polizeiblasmusik an einem dünnen Spalier von Zuschauern vorbei.
Angeführt wurde der Umzug durch einen Lautsprecherwagen, der bekanntgab, daß in der Nähe ein riesiges Festzelt für 4000 Personen stehe und dort Freinacht gefeiert werde.
Der Umzug war recht groß aufgezogen, und Delegationen aller Landesteile, ja selbst des Auslandes, marschierten mit.
Da ich von Berufs wegen die Lokalzeitungen, besonders den Inseraten- und Veranstaltungsteil durchsehe, war mein Erstaunen sehr groß, da ich mich nicht erinnern konnte, überhaupt nur eine einzige, wenn auch noch so kleine Anzeige für diesen Anlaß wahrgenommen zu haben. Abends besuchte ich den Festplatz. Und in der Tat. Mit schweizerischer Gründlichkeit war alles bestens vorbereitet. Das Riesenzelt stand, die Vorzelte mit den Verkaufs- und Bratwurstständen ebenfalls, große Toilettenwagen und Sanitätszelte standen bereit, nur die Leute fehlten!
Noch nie in meinem Leben habe ich während eines Anlasses so viele leere Tische gesehen. Im Zelt für 4000 Personen saßen grüppchenweise etwa 150 bis 200 Personen vorne beim Podium und versuchten sich in Stimmung zu halten. Ich telefonierte einigen Bekannten, die nur wenige Straßenzüge von diesem

Festzelt entfernt wohnten und stellte fest, daß niemand auch nur die leiseste Ahnung von der Durchführung eines Großanlasses in ihrer nächsten Umgebung hatte. Was war geschehen?
Das Organisationskomitee dieses zweitägigen Großanlasses hatte ganz einfach die Werbung vergessen. Warum?
Es ist anzunehmen, daß sie im Glauben waren, so ein großer Anlaß müsse von selbst genug bekannt werden. Ein Anlaß, der über ein ansehnliches Organisationskomitee verfügt, der über Monate vorbereitet worden ist und an dem Hunderte von Vereinen mit jeweils wieder Hunderten von Mitgliedern beteiligt sind, braucht offenbar keine Werbung mehr.
Das ist ein Trugschluß. Die Blasmusiköffentlichkeit umfaßt eben nur einen beschränkten Teil der Gesamtöffentlichkeit. Auch wenn noch so viele Bekannte, Freunde, Journalisten und Behördenmitglieder in Gesprächen und Briefen darauf angesprochen worden sind: entscheidend für die erfolgreiche Durchführung eines solchen Großanlasses ist die Teilnahme der Stadt und insbesondere der Bevölkerung des Quartieres, in dem ein solcher Anlaß durchgeführt wird.

Entscheidend für die erfolgreiche Durchführung eines Großanlasses ist die Teilnahme der Bevölkerung.

Die nur können die Vielzahl von Menschen aufbringen, die das Publikum für die produzierenden Blasmusikanten bilden sollten. Nicht die Blasmusikanten selbst. Diese, mit ihrem Verein in die große Stadt gefahren, hatten sowieso die Tendenz, möglichst bald ins Vergnügungsviertel zu verschwinden. Natürlich berichtete die Presse mit Texten und Bildern über dies

wichtige Fest, doch erst im nachhinein. Und einige kurze Pressenotizen im voraus genügen eben nicht.
Man hätte das Quartierpublikum mit Inseraten in den Quartierzeitungen und Flugblättern (in die Briefkästen) direkt zum Anlaß einladen müssen. Man hätte die Bevölkerung der Stadt mit Anzeigen, Kleinplakaten und Radiospots über die Lokalradios frühzeitig informieren müssen. Informieren mit dem Mittel der modernen Werbung.
Und die Frage, wie groß der Einsatz der Werbung hätte sein müssen, hätten neutrale, objektiv denkende Werbefachleute am besten entscheiden können. Bestimmt wäre der Aufwand der Werbung in keinem Verhältnis zum Verlust gestanden, der durch den Misserfolg den Organisatoren, also den Blasmusikvereinen, entstanden war.
In der Euphorie für die eigene Sache fehlt eben nur zu oft der Mut zur kühlen Analyse des Möglichen. Eine realistische Analyse ist aber die Voraussetzung für eine Bestimmung der anzubringenden Werbemaßnahmen.
Besonders bei Anlässen, die von einer heterogenen Gruppe, von einem Komitee oder einem Organisationsausschuss durchgeführt werden, fehlt oft der neutrale Mahner, da niemand eine «negative» Haltung zur Sache zeigen will. Das Herbeiziehen eines neutralen Werbefachmannes ist da unerläßlich, da er von Berufs wegen gewohnt ist, ein Problem kritisch zu durchleuchten, um die bestmöglichen Maßnahmen zu finden, die dem größtmöglichen Erfolg dienen .

In der Euphorie für die eigene Sache fehlt eben nur zu oft der Mut zur kühlen Analyse des Möglichen.

Der Werbefachmann ist es, der nicht nur vom Produkt her, also im erwähnten Beispiel von den Blasmusikvereinen und ihrem gewünschten Anlaß, sondern auch vom Publikum, also von den erhofften Gästen her, Ziele realistisch setzen kann. Er hat die Kühle des Arztes und die Ängste des Patienten in gleichem Masse in sich. Er verkörpert geradezu die Wünsche integrierender Öffentlichkeiten. Er ist ein feinfühlender Interpret der multiintegralen Öffentlichkeit.

Somit darf man zum Schluß dieser Betrachtung sagen, daß Werbung von heute dem Erfolg eines Auftrages nur noch dienen kann, wenn sie gleichzeitig Bedürfnisse der nach Integration strebenden Öffentlichkeitskreise zu befriedigen imstande ist.

Die Bedürfnisse nach mehr Identifikation, mehr Transparenz und nach besserem gegenseitigen Verstehen sind damit gemeint.

Wo Werbung imstande ist, verschiedene Zielgruppen zusammenzuführen, also die Wünsche verschiedener Öffentlichkeitskreise in Verbindung zum Auftrag zu bringen und in einer Darstellung auszudrücken, da wird sie nicht nur den größten Erfolg haben, sondern zudem eine notwendige Öffentlichkeitsarbeit leisten. Und als Formel ausgesprochen: Sie wird den größten Erfolg haben, weil sie einem übergeordneten öffentlichen Anliegen dient, indem sie die gesellschaftliche Integration fördert. Werbung von heute ist auch hier Ausdruck und Medium dafür.

Wo Werbung imstande ist, verschiedene Zielgruppen zusammenzuführen, dient sie einem übergeordneten öffentlichen Anliegen.

Werbung als Spiegel der Gesellschaft

Dieses Buch gibt auf die Frage nach der Funktion der Werbung in unserer Gesellschaft eine positive Antwort. Sie lautet: Werbung ist gut und notwendig. Sie ist Ausdruck eines dynamischen Wirtschaftverhaltens und spiegelt das soziale und kulturelle Niveau der Gesellschaft wider. Dies bezieht sich auf Regionen, Völker, Länder, Staaten, größere und kleinere Gruppen. Werbung in den USA oder in Japan wird sich insofern in Stil und Ansprache unterscheiden, als diese Länder sozial, kulturell und politisch verschieden sind. Das gleiche trifft selbstverständlich für Werbung in Westeuropa zu sowie für alle anderen Regionen auf unserer Welt.

Werbung spiegelt das soziale und kulturelle Niveau der Gesellschaft.

Werbung und Gesellschaft lassen sich nicht trennen. Die Frage nach der Funktion der Werbung in der Gesellschaft ist zugleich die Frage nach ihrem Charakter; nach dem Niveau der Werbung läßt sich auch das Niveau der Gesellschaft beurteilen. Wohlgemerkt: Nicht die Tatsache, daß Werbung betrieben wird, sondern auf welche Art und Weise. Hat die Werbung sich gewandelt, ist auch die Gesellschaft bereits verändert. Und zwar deshalb, weil die Werbung über ideologische Grenzen hinweg neue Bedürfnisse erfaßt und manifestiert.
Im Gegensatz zur Propaganda geht Werbung nie weiter, als die Gesellschaft schon gegangen ist. Dafür, und

das ist im Grunde das Positivste an ihr, drückt sie ohne falsche Hemmungen aus, was sich in der Gesellschaft tatsächlich geändert hat oder was darin im Begriffe steht, sich zu verändern. Sie meldet die kleinsten Verschiebungen, die feinsten Wandlungen im Bewußtsein und Denken, die kleinsten Schritte in sozialen und kulturellen Evolutionen. Wer die Werbung so sieht, kann sie als Spiegel der sich wandelnden Wirklichkeit erfassen.

Werbung im Spannungsfeld der Ideologien

Es ist nicht möglich, die Werbung ohne die Gesellschaft zu akzeptieren. Anders ausgedrückt: Man kann nicht Brot essen und gleichzeitig die Meinung vertreten, daß die Felder, auf denen das Getreide wächst, verdorren sollen. Nach den bisherigen Ausführungen ist Werbung Ausdruck einer dynamischen, in stetem Wandel sich befindenden Gesellschaft. Statische Gesellschaften kennen die Werbung nicht. Dynamische Gesellschaften haben dafür die Tendenz, sich schneller und bedenkenloser zu entwickeln. Dies entspricht nicht den politischen Zielsetzungen verschiedener Ideologien. Aus diesem Grunde ist es notwendig, die Werbung, welche nie Ausdruck einer Ideologie ist, aus dem Spannungsfeld der Auseinandersetzungen zwischen den einzelnen politischen Ideologien herauszuhalten.

Man kann nicht Brot essen und die Meinung vertreten, daß die Felder, auf denen das Getreide wächst, verdorren sollen.

Die Theoretiker der linken Parteien werden jetzt sofort Protest einlegen. Sie sind der Meinung, daß die Werbung Ausdruck einer profitbezogenen, also kapitalistischen Wirtschafts- und Gesellschaftsform sei, der verlängerte Arm einer Ideologie, die übermäßigen Besitz und Privilegien verteidige und die gerade mittels einer verführerischen bis dümmlichen Werbung von den tatsächlichen Machtverhältnissen ablenke. Damit wolle man nur den sinnlosen Verschleiß von Ressourcen auf Kosten der Völker und deren Zukunft verschleiern. Zudem sei die Werbung ein sehr wirksames Mittel, um ein planloses Anheizen von Produktion und Konsum zu rechtfertigen. Werbung decke scheinbare, rudimentär vorhandene Bedürfnisse auf oder erzeuge sie künstlich. Somit sei sie der verlogene Ausdruck einer in sich verlogenen Ideologie, nämlich der Ideologie des Kapitalismus.

Nun, wieweit eine Ideologie wirklich verlogen oder ehrlich sein kann, bleibe dahingestellt. Im wesentlichen besteht jede Ideologie aus einer Zusammenfügung von Erkenntnissen, Wunschvorstellungen und Behauptungen, um ein bestimmtes, gesellschaftspolitisches Leitbild durchzusetzen, in welchem konkrete Gruppeninteressen verankert sind und gleichzeitig versucht wird, bestimmte Interessen mit den Allgemeininteressen auf einen möglichst großen, gemeinsamen Nenner zu bringen.

Abgesehen davon, daß sich Ideologien wandeln, wenn auch viel schleppender als die Werbung, sollten die Theoretiker der Linken schon bemerkt haben, daß gerade die Exponenten der wirklich hochgestellten Eliten des von ihnen so bekämpften Kapitalismus der Werbung schon immer sehr zurückhaltend, ja sogar skeptisch bis ablehnend begegnet sind.

Die wirklich Privilegierten vermuten mit Recht, daß selbst die von ihren Unternehmen in Auftrag gegebene Werbung zwangsläufig wirtschaftliche und soziale Wandlungen beschleunigen wird und gewollt oder ungewollt im Laufe eines langfristigen Prozesses von Wechselwirkungen öffentliche Ansprüche an Qualität, Preis und Verfügbarkeit ihrer Produkte und Dienstleistungen steigern hilft. Dies kann wiederum auf eine

Einschränkung übermäßiger Privilegien und der von diesen Privilegierten erhobenen Machtansprüche hinauslaufen.
Die armen Werber: Von den einen verteufelt, von den anderen verleugnet. Wie tapfer müssen diejenigen sein, die trotz allem an einen höheren Sinn ihrer Kreativität und engagierten Arbeit glauben!
Die Werbung ist an keine Ideologie gebunden. Sie ist in jeder dynamischen, auf die Bedürfnisse der Menschen eingehenden Gesellschaft möglich, ja sogar notwendig. Diese Feststellung steht, trotz der beschriebenen Tatsachen, scheinbar immer mehr im Widerspruch zum heutigen, die Welt noch beherrschenden und bedrohenden Kampf der Ideologien beziehungsweise im Kampf mit den sie beherrschenden Gesellschaftsformen.

Die Werbung ist an keine Ideologie gebunden. Sie ist in jeder dynamischen Gesellschaft notwendig.

Ohne politisch sein zu wollen, komme ich nicht darum herum, in meinem Buch Grenzen im noch aktuellen Konflikt zwischen den Ideologien ziehen zu müssen.
Wir stehen heute weltpolitisch im Stadium der Ablösung vom Ost-West-Konflikt zum sogenannten Nord-Süd-Dialog. Die Ideologien des Westens wie des Ostens entwickelten sich, aus dem 19. Jahrhundert kommend, in unserer Zeit weiter und erlebten mit dem kalten Krieg als Folge der Konstellation der Siegermächte des 2. Weltkrieges ihren Höhepunkt. Seit dem Abflauen des kalten Krieges werden sie von den konkreten politischen und sozialen Veränderungen laufend überholt. Noch immer bilden sie die Grundlage entgegengesetzter Weltanschauungen. Noch immer

setzen sie die Richtlinien öffentlicher Meinungsbildung wie auch politischer Propaganda, obwohl sie nicht in die Zukunft weisen, sondern der Vergangenheit verhaftet bleiben. Im großen und ganzen gruppieren sich diese Ideologien um zwei gesellschaftspolitische Leitbilder. Diese lauten auch heute noch etwa so: «Hier Kapitalismus, also freie Marktwirtschaft, also Werbung, also politische Demokratie, also freie Welt. Dort Kommunismus, also staatlich gelenkte Planwirtschaft, also keine Werbung, also politische Diktatur, also unfreie Welt.» Umgekehrt lautet heute die Parole: «Hier Sozialismus, also solidarische Volkswirtschaft, also keine Werbung, also demokratischer Zentralismus, also brüderliche Welt. Dort Kapitalismus, also egoistische Ausbeuterwirtschaft, also Werbung, also Scheindemokratie, daher imperialistische Welt.» So einfach ist das für die Ideologen. Nur, allen Ideologien haftet derselbe Schönheitsfehler an: Nämlich die Vereinfachung. «Hier ist das Gute und dort, nur dort ist das Böse», wird gegenseitig behauptet. Als ob die heute bestehenden Systeme des Westens wie des Ostens neben eigenen nicht auch gemeinsame historische Wurzeln aufzuweisen hätten. Ideologisch sind beide Systeme in vielem auf humanistische Erkenntnisse der Aufklärung und politische Forderungen der Großen (kleinbürgerlichen) Französischen Revolution von 1789 zurückzuführen.

Die Ideologien des Westens wie des Ostens entwickelten sich aus dem 19. Jahrhundert

«Freiheit, Gleichheit, Brüderlichkeit» hieß die verheißungsvolle politische Wunderformel. Und man feierte die Vernunft als größte Tugend. Siehe da, 200 Jahre später verstand sich der Westen als «freie Welt» und der Osten als «brüderliche Welt». Leider schien es aber auf beiden Seiten mit der Vernunft nicht weit her zu sein, sonst hätte man nicht der Erhaltung ideologischer Unversöhnlichkeit zuliebe eine Superrüstung vorangetrieben, die die ganze Menschheit zu vernichten drohte.

Schön wär's, wenn's so einfach wär'. Dem ist aber nicht so. Zumindest in vielerlei Beziehung nicht und mit jedem Jahr immer weniger.

Den frühbürgerlichen Sozialrevolutionären und Idealisten der «Grande Révolution» schwebten jedoch ganz andere Zukunftsvorstellungen vor. Sie meinten wohl Freiheit und Brüderlichkeit durch Gleichheit der Chancen für alle. Freiheit ohne Brüderlichkeit kann sehr schnell zur Freiheit der Stärkeren über die Schwächeren, zur Freiheit der Wölfe und Haifische ausarten. Und Brüderlichkeit ohne Freiheit kann sehr schnell zur Brüderlichkeit der Mächtigen über die Machtlosen, zur Brüderlichkeit der Inquisitoren werden. Die französischen Revolutionäre meinten wohl, man könne das eine vom anderen nicht trennen, und es bedürfe der Vernunft. Den Ideologen sollte man nun vereinfacht empfehlen, daß über einen langdauernden ideologischen Diskussionsprozess, bei dem die eigenen Fehler und Leistungen genauso zu werten sind wie die der Gegenseite, erreicht werden sollte, daß die «freie Welt» einen Schritt zur Brüderlichkeit und die «brüderliche Welt» einen Schritt zur Freiheit verwirklichen könnte. Keines der bestimmenden Gesellschaftssy-

Den frühbürgerlichen Idealisten der «Grande Révolution» schwebten ganz andere Zukunftsvorstellungen vor.

steme ist am Ende aller Entwicklungsstufen angelangt. Nach wie vor wird behauptet – wie schon eingangs erwähnt – : «Nur hier ist das Gute, dort das Böse.»
Wir leben in einer Zeit rascher gesellschaftspolitischer Wandlungen. Zudem ist unsere Zeit durch den globalen Zusammenhang aller Entwicklungen geprägt.
Jede Erneuerung, jede Veränderung, jede Verschiebung im hintersten Winkel der Welt wird sofort und überall zur Kenntnis genommen und löst Reaktionen aus. Es ist heute in jeglicher Beziehung nicht mehr das Privileg einzelner Staaten oder Gruppen, die Menschheitsentwicklung zu bestimmen, sondern Angelegenheit der gesamten Menschheit. Dem alles bestimmenden globalen Zusammenhang kann sich heute kein Land und keine Regierung mehr entziehen. Grundsätze, welche gestern noch richtig waren, können heute unter Umständen nur bedingt richtig und morgen schon falsch sein. Das bezieht sich nicht nur auf die Zeit, sondern auch auf die verschiedenen Entwicklungsstufen der Länder und Regionen. Mit anderen Worten: Was in einem Land noch richtig ist, kann im anderen schon falsch sein und umgekehrt. Keine der die heutige Welt noch maßgeblich beeinflussenden Ideologien hat das Recht, den Anspruch auf Besitz alleinseligmachender Wahrheiten zu erheben. Keine der durch die moderne Entwicklung hervorgegangenen Mächtegruppen darf behaupten, sie alleine vertrete die heile Welt. Keine der heute existierenden Gesellschaften sollte sich im Glauben wiegen, die Welt würde eines Tages so werden, wie sie es gerne haben wollen.

Es ist heute nicht mehr das Privileg einzelner Staaten, die Menschheitsentwicklung zu bestimmen.

Die Gesellschaftsformen der Zukunft werden aus den bestehenden geboren. Es werden Alternativgesellschaften sein, die sowohl Elemente bestehender Gesellschaftsformen des Westens als auch des Ostens in sich aufnehmen und vereinigen werden.

Es wird keine Einheitsgesellschaft geben, sondern Gesellschaften in verschiedenen Varianten. Gesellschaftsformen, die in einem nie endenden Prozeß weltumspannender Integration leben und sich durch wirtschaftliche Solidarität, politische und kulturelle Freizügigkeit auszeichnen werden.

Dank der militärischen Uneinigkeit der Großmächte ist der Menschheit im Sinne eines Kredites auf Zeit die Chance gegeben, dem Krieg der Ideologien früher oder später ein Ende zu bereiten. Durch geistige, soziale, wirtschaftliche und politische Entwicklungen in allen Ländern wird es uns zunehmend gelingen, überholte Grundsätze, Vorstellungen und ideologischen Ballast Zug um Zug über Bord zu werfen. Wenn eines Tages der geistige Friede eingekehrt sein wird, dann wird auch der militärische Krieg und somit die Atomrüstung von selbst hinfällig werden. Noch stehen wir erst am Anfang dieser hoffnungsvollen Entwicklung. Alle guten Geister eines jeden Staates, aller Gesellschaftsformen sind aufgerufen, in ihrer Umgebung, an ihrem Arbeitsplatz und in ihrer Familie für diese Zukunft einzustehen und an ihr mitzuarbeiten. Wer im Glashaus sitzt, der werfe nicht mit Steinen. Und im Glashaus sitzen wir heute alle.

Wenn eines Tages der geistige Friede eingekehrt sein wird, dann wird auch der militärische Krieg hinfällig werden.

Dieses Buch hat die Funktion der Werbung in der Gesellschaft zum Thema. Gemeint ist primär die Gesellschaft Westeuropas. Und gerade Westeuropa ist aufgerufen, auf dem Weg in die Zukunft voranzugehen. Es hat die besten Voraussetzungen dafür. Auf engem Raum leben verschiedene Völker verschiedener Sprachen, Kulturen und Traditionen. Aus Europa kamen die entscheidenden geistigen Impulse, aber auch politische Taten und Untaten, die zur Entwicklung der heutigen Welt führten.

Aus Europa kamen die entscheidenden geistigen Impulse, die zur Entwicklung der heutigen Welt führten.

Die Ideologien Amerikas und Chinas sind europäischen Ursprungs. Bedingt durch die Vergangenheit Europas als Kolonialmacht bestehen zudem fast zu allen Regionen der Welt besondere Kanäle, Verbindungen und Beziehungen. Nachdem die europäischen Länder ihre Großmachtstellung aufgeben und ihre Kolonien in die Unabhängigkeit entlassen mußten, ist Europa heute die Chance gegeben, den Frieden im eigenen Haus zu finden und sich geistig zu läutern.
Im Spannungsfeld der Großmächte USA/GUS/China/Indien/Japan kann Europa in wachsendem Maße eine ausgleichende, vermittelnde Funktion übernehmen. Europa kann neue Richtlinien und Grundsätze für eine zukünftige tolerantere, demokratischere und wirtschaftlich gerechtere Gesellschaft entwickeln. Zudem stehen die europäischen Länder auf einem hohen wirtschaftlichen und zivilisatorischen Stand, der sie geradezu verpflichtet, ein zuverlässiger und starker Partner für die aufstrebenden Länder der Dritten Welt zu sein. Ein Partner, der auf Gerechtigkeit achtet und besonders

die wirtschaftliche und gesellschaftspolitische Entwicklung dieser Länder fördert.
Ein solches geeintes Europa zu schaffen ist für die ganze Welt eine große Hoffnung. Eine Einigung Europas, auch im Sinne einer Föderation, bezieht sich nicht nur auf Völker und Sprachen, sondern auch auf die jeweilige politische Heimat. Das heißt, Europa kann nur durch eine höhere, tolerantere und gerechtere Gesellschaftsform vereinigt werden.

Europa kann nur durch eine tolerantere und gerechtere Gesellschaftsform vereinigt werden.

So gesehen ist eine Einigung Europas Vorbild und Vorstufe einer späteren Einigung der Welt. Diese Einigung wird nur möglich sein, wenn es gelingt, alle großen historisch begründeten gesellschaftspolitischen Kräfte zu integrieren. Von links bis rechts. Und nur dann, wenn anstelle der Monologe die Dialoge getreten sind.
In diesem Bild fortschreitender Wandlung hat auch die Werbung ihren Platz. Einen Platz, der losgelöst von den traditionellen Ideologien zu sehen ist. Es gibt viele Exponenten der Wirtschaft und des öffentlichen Lebens, die immer noch glauben, Werbung und freie Marktwirtschaft seien ein und dasselbe. Ich muß vorausschicken, daß Werbung nicht nur im Auftrag von Wirtschaftsunternehmen möglich ist, sondern genausogut im Auftrag öffentlicher und ideeller Institutionen. Werbung betreibt man nicht nur für Zahnpasta, sondern auch für Theater, eine touristische Region, eine karitative Hilfsorganisation usw.
Also für Institutionen, die nicht nur von Gesetzen der freien Marktwirtschaft geprägt sind. Werbung ist in zunehmendem Maß als Öffentlichkeitsarbeit im

Auftrag zu verstehen. Im Rahmen der sich vollziehenden Wandlungen wird die Werbung immer mehr für andere, nicht marktbezogene Institutionen eingesetzt werden. Dies als logische Konsequenz der eben gezeichneten gesellschaftspolitischen Wandlungen. Richtig ist, daß die Werbung Funktionen im Auftrag der Marktwirtschaft nach wie vor erfüllen wird. Nur ist marktorientierte Wirtschaft nicht unbedingt identisch mit dem, was man Kapitalismus nennt. Es ist ein Trugschluß zu glauben, daß nur private Unternehmen marktorientiert sind.

Werbung ist in zunehmendem Maß als Öffentlichkeitsarbeit im Auftrag zu verstehen.

Wie schon erwähnt, gibt es große Konsumorganisationen, ja Konzerne, die genossenschaftsrechtlich organisiert sind, also einem Kollektiv gehören. Obwohl alle Mitglieder über gleiche Anteile verfügen, wird marktorientiert gewirtschaftet.

Es gibt auch große Kapitalgesellschaften, deren Besitz in Tausende kleiner Aktien aufgesplittert ist. Kein Aktionär hat mehr die absolute Mehrheit, und trotzdem wird marktorientiert gewirtschaftet.

Dann die Staatsunternehmen, zum Beispiel Bahnen, die im Besitz des Staates, also des ganzen Volkes sind und trotzdem marktorientiert wirtschaften. Dazwischen gibt es alle möglichen Mischunternehmen vom Kollektiv- zum Privatbesitz oder mit Staatsbeteiligungen, die sich alle im gleichen Wirtschaftssystem bewegen.

Im weiteren dürfen sich die Theoretiker der Linken ruhig überlegen, ob nicht der Begriff «profitbezogene, kapitalistische Wirtschaft» mit «realitätsbezogene, marktorientierte Wirtschaft» heute schon zu ersetzen wäre. Bekanntlich gibt es in der so kapitalistischen

Schweiz große Handelsunternehmen, die in genossenschaftlichem (also kollektivem) Besitz sind, gewaltige Umsätze tätigen und durch sehr aktive, innovative und eindeutig marktorientierte Geschäfts- und Marketingpolitik auffallen. Sie betreiben Werbung in allen aktuellen Formen auf sehr attraktive und wirksame Weise. Von den Gewinnen werden genossenschaftliche Reisen, kulturelle Veranstaltungen gefördert, Klub- und Sprachschulen unterhalten, Theater-, Film- und Buchproduktionen unterstützt, internationale Symposien über zentrale Fragen der Gegenwart organisiert und alle möglichen Institute, die sich mit Zukunftsforschung beschäftigen, ebenfalls unterhalten. Es versteht sich von selbst, daß diese Unternehmen verschiedene Formen der Mitbestimmung praktizieren, von der Urnenabstimmung des hunderttausendsten Genossenschafters bis zu internen Unternehmensparlamenten. Trotzdem – oder gerade deswegen – arbeiten ihre Manager sehr kompetent und effizient. Hat dies nun mit Kapitalismus oder doch eher mit marktorientierter Wirtschaft zu tun?

Bekanntlich gibt es in der Schweiz große Handelsunternehmen, die in genossenschaftlichem Besitz sind und durch innovative Marketingpolitik auffallen.

Wir leben heute ideologisch gesehen, zumindest in Westeuropa, schon längst nicht mehr im «Kapitalismus», sondern in einer Art sozialer/demokratischer/kapitalistischer Mischgesellschaft. Verschiedene Formen von Besitzverhältnissen leben nebeneinander und miteinander. Politisch äußert sich das in immer aktiver werdenden Diskussionen in allen Medien, in Fragen der Demokratisierung über öffentlichrechtliche und

privatrechtliche Institutionen und Unternehmen. Unabhängig von Positionen oder Eigentumsverhältnissen wird die Werbung zusehends von allen Institutionen und Unternehmen für ihre Produkte und Dienstleistungen eingesetzt.
Wieder stellt sich die Frage: «Was hat denn die Werbung mit profitbezogener Wirtschaft zu tun?» Eigentlich nichts, außer daß vor einigen Jahrzehnten profitbezogene Unternehmen als erste die Werbung für ihre Absatzziele einsetzten. Müssen deswegen die ersten Auftraggeber die letzten sein? Sicherlich nicht, wenn wir aufmerksam den Weg der Werbung verfolgt haben.
Umgekehrt ist festzustellen, daß der sogenannten freien Marktwirtschaft selbstverständlich Grenzen gesetzt sind. Nämlich die Grenzen des Marktes. Oder noch besser gesagt, der Begriff «freie» Marktwirtschaft ist ein politisch-ideologischer Begriff, der mit guten oder schlechten Absichten über Jahrzehnte verwendet wurde. Damit konnten Private ihren Besitz an Produktionsmitteln leichter rechtfertigen.

Es gibt nur Marktwirtschaft, die von den Gesetzen des Marktes abhängig ist.

Es gibt gar keine «freie» Marktwirtschaft. Es gibt nur Marktwirtschaft, die selbstverständlich von den Gesetzen des Marktes abhängig ist.
So ist es kein Zufall, daß heute auch größere Konzerne in immer größere Planungszwänge kommen und sich nicht mehr durch Spontaneität erhalten und entwickeln können. Das heißt, daß in jedem größeren Unternehmen mehr organisiert und geplant wird als je zuvor. Also ist auch die Marktwirtschaft eine Wirtschaft, in der geplant wird.

Wenn man den geistigen Bogen weiterspannt, so wird man erkennen, daß die Planungswirtschaft der sozialistischen Staaten des Ostens Elemente der Marktwirtschaft in sich aufnehmen mußte, wollte sie sich zu einer voll leistungsfähigen Wirtschaft entwickeln. Beide Seiten bewegten sich aufeinander zu. Die eine plante mehr, weil sie früher zuwenig geplant hatte, die andere mußte mehr Freizügigkeit zulassen, woran es früher gemangelt hatte. Die Unternehmer im Osten wurden von den zentralen Stellen entlastet, um eigene Spielräume zu bekommen, eigene Investitionen zu tätigen und begannen sich marktwirtschaftlich zu engagieren.

Bald war es soweit – die ersten Werbeagenturen in den Hauptstädten des Ostens entstanden. Trotz Kollektivbesitz. Werbung und Kapitalismus sind nicht dasselbe, genausowenig wie Werbung und Sozialismus. Das möchte ich den Werbefachleuten ins Stammbuch schreiben. Werbung ist ideologisch frei. Es ist egal, ob der Auftraggeber ein Aktionär oder ein Genossenschafter ist, ob ein Manager oder Funktionär. Natürlich wird sich Werbung in dieser hochentwickelten Form, wie wir sie in Westeuropa kennen, die getragen ist von verschiedenen Auftraggebern, in dieser Vielfalt im Osten nur langsam entwickeln können Aber sie wird existieren.

Kapitalismus hin und Sozialismus her: Die Werbung hat ihre eigene Funktion zu erfüllen. Sie dient unternehmerischem Handeln. Der Begriff Unternehmer hat mit «etwas unternehmen» zu tun. Es können einzelne oder Gruppen unternehmerisch aktiv werden. Ganz egal, ob sie ideelle, kulturelle oder materielle Ziele verfolgen. Der wirtschaftliche Wettlauf unter den Systemen wird letztlich dadurch entschieden werden,

Der Begriff Unternehmer hat mit «etwas unternehmen» zu tun.

ob es gelingt, immer mehr Menschen zu unternehmerischem Handeln zu motivieren, sie zu aktivem, initiativem Gestalten anzuregen. Ob das im Rahmen kollektiven Besitzes, bei Mitverantwortung jedes Beteiligten oder im privatrechtlichen Angestelltenverhältnis geschieht, ist an und für sich von zweitrangiger Bedeutung. Nicht auf die Ideologien der Systeme kommt es an, sondern auf die Entfaltungsmöglichkeiten der Menschen unter dem jeweiligen System. Hier kann die Werbung fördernd wirken. Die Vielfalt der Werbung in Westeuropa hängt mit der Differenzierung unserer Gesellschaftsordnung zusammen. In Westeuropa gibt es große liberale, konservative, katholische, sozialdemokratische und postkommunistische Parteien. Alle in den Völkern verwurzelt und einflußreich. In Westeuropa gibt es große Wirtschaftsunternehmen, die zum Teil kapitalistisch, zum Teil sozialistisch bestimmt oder geführt sind. Sozialistisch im Sinne von staatlicher oder kollektivistischer Führung und Besitz. Es ist eine Anmaßung der politischen Propaganda zu behaupten, daß eine einzige Ideologie unser heutiges Westeuropa geschaffen habe. Es waren weder die freien Unternehmer noch die Labourparty, weder die Kirche noch die Kommunisten, welche das heutige Westeuropa geschaffen haben, sondern alle zusammen. Westeuropa ist bereits eine Mischgesellschaft im Vergleich zu den USA und/oder zu China. Gleichmäßig verteilt leben in ihr Elemente aller in der Welt vorhandenen Gesellschaftsformen.

Nicht zuletzt merken inzwischen die Leute in den noch verbliebenen Ländern des «realen Sozialismus», daß der Rentabilität ihrer Unternehmen größte Aufmerksamkeit zu schenken ist. Sozialistische Firmen, die unrentabel arbeiten, schaden der Volkswirtschaft, und daher bemühen sich die herrschenden Eliten mit viel engagierter Vorsicht, mehr marktwirtschaftlichen Spielraum zu gewähren. Noch mehr, in China und Vietnam hat man längst begonnen, kleinere Betriebe in den Bereichen Handwerk, Gastronomie, Reparaturservice zu Privatfirmen zu machen, weil deren Effizienz größer wird. Übrigens scheint dies nicht im Widerspruch zu ihrer sozialistischen Wirtschaft zu stehen, weil auch dort letztlich die großen Unternehmen und Banken – wie bei uns – für die Festlegung der wirtschaftlichen Richtlinien (ein moderner Begriff für Planung) das Sagen haben. Aber je größer der Spielraum marktwirtschaftlichen Handelns in den Ländern des «realen Sozialismus» werden wird, desto schneller werden auch dort mehrere Formen der Werbung zur Anwendung kommen.

Es ist eine Anmaßung zu behaupten, daß eine einzige Ideologie unser heutiges Westeuropa geschaffen habe.

Es waren auch nicht die bürgerlichen Parteien, die das heute sozial ausgeglichene Westeuropa geschaffen haben, sondern es wurde ihnen von den Gewerkschaften und sozialdemokratischen oder anderen Linksparteien in jahrzehntelanger Auseinandersetzung abgerungen. Aber auch nicht die Gewerkschaften, andere Linksparteien und Sozialdemokraten schufen florierende Unternehmen. Das westeuropäische Unternehmertum zeigte schon immer große Dynamik und ein feines Verständnis für politische und soziale Zusammenhänge.

Es ist schwierig einzusehen, daß weder die eine noch die andere Seite recht haben kann. Nicht alle Kapitalisten sind engstirnige, profitbezogene Ausbeuter. Und nicht alle «Linken» oder Sozialisten sind machtbesessene, gefährliche Weltverbesserer. Es gibt überall Idealisten und leistungsbezogene Realisten, welche eine Gegebenheit als Voraussetzung akzeptierten, um mittels einer Selbstverwirklichung der Allgemeinheit einen entscheidenden Dienst zu tun. Nur die Einsicht hilft uns, die tödlichen Gefahren des ideologischen Krieges zu überwinden, damit die totale Selbstvernichtung der Menschheit nicht stattfindet. Dazu braucht es ein geläutertes Wissen um historische Zusammenhänge, große Aufbrüche und Visionen. Es braucht den Willen zur guten Tat, die nicht immer zur rechten Zeit verstanden wird. Wir stehen an der Schwelle einer neuen Zeit. Wir sollten das einsehen.

Werbung von morgen

Die Werbung wird auf ihrem Weg in die Zukunft vermehrt dem öffentlichen «Auftrag» von Produkten oder Dienstleistungen Rechnung tragen müssen. Die Unternehmen werden vermehrt als Sponsoren von sportlichen, kulturellen und sozialen Veranstaltungen, Symposien und Projekten auftreten, auch wenn diese nur teilweise oder gar nicht mehr mit ihren Produkten im Zusammenhang stehen sollten. Die kleine Zusatzleistung der Werbung wird immer mehr zum Promoter gleichwertiger Leistungen. Das eigentliche Produkt wird eher zurückgestellt werden. Die Werbung wird dann nicht mehr nur Zusatzleistungen zur Sympathiegewinnung erbringen, sondern konkrete Erlebnisse, fühl- und faßbares Geschehen vermitteln.

An Stelle der heute noch dominierenden Medienwerbung wird die induktive Aktion, die sogenannte Promotion treten. Darunter ist eine Mischung von spontanen Aktionen, mehr oder weniger öffentlichen Veranstaltungen unter Beizug verschiedener Partner in Verbindung mit modernster Medienwerbung und Public-Relations-Aktivitäten zu verstehen.

An Stelle der heute noch dominierenden Medienwerbung wird die induktive Aktion treten.

Die Promotionen werden kreativ entwickelt von hochqualifizierten Aktionisten, den Werbeleuten der Zukunft. Die Werber, Public-Relations-Leute und Moderatoren werden eins sein. Sie werden zudem über eine große Allgemeinbildung, auch in historischen, sozialen, kulturellen und politischen Bereichen, verfügen und ein feines Gespür für die Interessenströme einer zunehmend multiintegralen Öffentlichkeit besitzen. Aktive, selbständige Persönlichkeiten, die sowohl konzeptionell denken wie organisatorisch reagieren und öffentlich moderieren können.

Handgemachtes, Selbstgebasteltes, Feuer-, Rauch- und Tonsignale werden – über computergesteuerte Monitoren flimmernd – Auferstehung feiern.

Diese ideenreichen «Selbstauslöser», diese initiativen Anstoß- und Impulsgeber, Aktionsautoren und Akteure werden selbstverständlich vermehrt elektronische Medien einsetzen – aber nicht nur. Nebst Lokalradios, Kabelfernsehen, Bildschirm- und Videotexten, Videoprojektionen oder Licht-, Ton- und Lasershows werden auch bald verschwindende oder schon ganz verschwundene Vervielfältigungstechniken und Kommunikationsmittel eingesetzt werden. Handgemachtes, Selbstgebasteltes, Stoff-, Sieb- und Steindrucke, Feuer-, Rauch- und Tonsignale, Ausrufer und Mimen werden – über computergesteuerte Monitoren flimmernd – Auferstehung feiern.

Doch verfolgen wir den Weg der Werbung in die Zukunft schrittweise. Die ersten Übergangsformen sind schon heute zu beobachten. Ein Beispiel: In einer großen Zürcher Tageszeitung tauchten über mehrere Seiten verstreut ganz kleine Inserate auf, die ohne Text nur einen Schmetterling zeigten. Immer den gleichen Schmetterling in kleinen Abweichungen. Beim flüchtigen Überfliegen der Zeitungsseiten wurden die netten

Schmetterlinge zuerst wohl kaum beachtet. Bei näherem Hinsehen etwas mehr. Unwillkürlich begann man sich mit den Schmetterlingen zu beschäftigen und sich zu fragen, was diese eigentlich bedeuten sollten. Plötzlich erscheint beim weiteren Durchblättern der Zeitung ein etwas größeres Inserat mit dem gleichen Schmetterling und einem Textblock. Eine Werbung für eine Zigarettenmarke! Das Motiv lautete: «Entspannen Sie sich doch mal.» Jetzt entdeckte man eine kleine Textzeile, die auf den Kopf gestellt war, so daß man die Zeitung umdrehen mußte, um die Frage lesen zu können: «Beachteten Sie, daß sich die vielen kleinen Schmetterlinge unterscheiden? Wenn ja, dann haben Sie sich jetzt entspannt.»
Der ertappte Leser stellte schmunzelnd fest, daß er sich tatsächlich durch das Beschäftigen mit den Schmetterlingen und dem Umdrehen der Zeitung von seinem intensiven, konzentrierten Zeitungslesen gelöst hatte. Und der Appell klingt in ihm nach: «Entspanne dich doch, beachte die Schmetterlinge, löse dich von deiner intensiven Neugier für die kleinen Dinge des gesellschaftlichen Alltags.» Mancher ließ mit geschlossenen Augen den Appell auf sich einwirken.
Was ist an dieser Werbung neu? Worin unterscheidet sie sich von den vorgängig beschriebenen Beispielen? Zunächst ist die Botschaft im Prinzip die schon beschriebene kleine Zusatzleistung, um Sympathie zu gewinnen. Nun geht aber diese Werbung einen Schritt weiter. Die Zusatzleistung, der Appell, wird nicht nur verbal und optisch dargestellt, sondern er veranlaßt den Leser zu handeln. Und zwar im Sinne der Zusatzleistung.
Primär wird der Leser nicht veranlaßt, die Zigarette zu kaufen, sondern aufgefordert, sich zu entspannen. Ein

Die Tendenz ist die Zusatzleistung, welche immer mehr in den Vordergrund rückt und das Produkt als Sponsor hinter sich läßt.

Appell, der im Grunde mit der Werbung für die Zigarette gar nichts mehr zu tun hat. Natürlich ist auch hier die Hoffnung, daß durch die erbrachte Zusatzleistung die gewonnenen Sympathien auf das damit verbundene Produkt übertragen werden. Die Tendenz, die an diesem Beispiel zu beobachten ist, ist die Zusatzleistung, welche immer mehr in den Vordergrund rückt und das Produkt im Grunde als Sponsor hinter sich läßt.

Grundsätzlich ist zu sagen: Die Werbung beginnt sich organisierend in das gesellschaftliche Leben einzugliedern.

Beispiele: Eine Versicherungsgesellschaft legt im ganzen Lande Waldlaufpisten an, die jedermann gratis zur Verfügung stehen. Ein Restaurationsunternehmen richtet entlang den Wanderwegen Picknickplätze ein. Eine Mineralwasserfirma führt Schönheitswettbewerbe durch. Eine Kosmetikfirma stellt Tischtennistische auf und organisiert Meisterschaften. Eine Brauerei fährt wie ein Zirkus auf dem Lande herum und führt Frühschoppenkonzerte mit Talentwettbewerben durch. Die Erlöse werden an soziale Hilfswerke überwiesen. Ein Kongreßhotel organisiert Radrundfahrten für die lokale Bevölkerung. Eine Schnellimbißgaststätte organisiert ein Kinderfest im Freien mit Spielständen, Clowns und anderem Drum und Dran.

All das sind Leistungen, die den Unternehmen finanziell nichts einbringen, ja sie konkurrieren sogar mit den eigenen angebotenen Produkten oder Dienstleistungen. Man könnte sagen, daß die Picknicktische im Widerspruch zum eigentlichen Geschäftszweck stehen, weil sie die Leute vom Besuch der Restaurants eher abhalten. Wohl hebt die Versicherungsgesellschaft durch das Anlegen von Langlauf- und Waldlaufpisten die Volksgesundheit, was die Versicherungsleistungen in Schadenfällen mildern kann. Gleichzeitig ist jedoch festzustellen, daß gesündere Menschen schwerer zum Abschluß unnötiger Versicherungen zu bewegen sind. Der tiefere Grund dieses Wandels liegt tatsächlich in der Diversifikation großer Wirtschaftsunternehmen. Die Werbung ist das Spiegelbild. Der Zweck der großen Unternehmen ist längst nicht mehr auf die einfache Formel des Profits zu reduzieren.

Das Ziel einer Fluggesellschaft ist nicht der Profit, sondern Zivilluftfahrt zu leisten. Eine Hotelgesellschaft ist bestrebt, ihre Gäste möglichst angenehm zu beherbergen und zu verköstigen und ihnen die Möglichkeit zu Tagungen oder Sitzungen zu geben. Und Zigarettenfirmen wollen das Verlangen nach Rauchen stillen.

Profit zu erzeugen ist lediglich eine Notwendigkeit, um den Zweck des Unternehmens zu erfüllen.

Profit zu erzeugen ist lediglich eine, wenn auch primäre Notwendigkeit, um den Zweck des Unternehmens zu erfüllen. Des weiteren will man das Wachstum sicherstellen, Investitionen für Forschung, Entwicklung, Steigerung der Qualität und nicht zuletzt Befriedigung aller Sozialleistungen für die Mitarbeiter garantieren.

Die Zielsetzungen des Kapitalismus aus dem 19. Jahrhundert sind bei uns in Westeuropa überholt und, wo noch vorhanden, fortschreitend im Aussterben begriffen. Die Unternehmen erfüllen innerhalb der ihnen vom Markt gegebenen Spielräume gesellschaftlich anerkannte, wirtschaftliche und soziale Leistungen. So gesehen wird unsere Marktwirtschaft zunehmend eine dem ganzen Volk dienende soziale Wirtschaft werden. Dies übrigens unabhängig davon, ob die Manager dies erkennen oder nicht.

Die sogenannte Raffgier wird abgelöst von aktivem Denken zur Erfüllung der Unternehmenszwecke.

Die sogenannte kapitalistische Raffgier wird zunehmend abgelöst von aktivem Denken und Einstehen zur Erfüllung der Unternehmenszwecke im Dienste der ganzen Öffentlichkeit. Der Besitz von Aktienpaketen, Anteilscheinen usw. reduziert sich immer mehr zum Einflussmittel auf die Zusammensetzung der Führung der Unternehmen und garantiert nicht mehr die Möglichkeit der Veränderung derselben.

Im Gegenzug werden neue Gesetzgebungen über Mitbestimmungsrechte für den notwendigen Ausgleich des Einflusses der Kapitalbesitzer sorgen. Die Führung großer Unternehmen wird sich daher mehr und mehr qualitativ verändern. Der Wandel der Funktion der Unternehmen ist also der Grund, warum die Werbung das reine Anpreisen von Produkten oder Dienstleistungen hinter sich läßt und zunehmend hinter sich lassen muß. Die Unternehmen beginnen immer mehr soziale und kulturelle Leistungen zu erbringen. Die Gesellschaft organisiert somit den Konsum an materiellen und geistigen Gütern und schafft die Möglichkeit zur Entfaltung aller nur denkbaren Aktivitäten. Die sogenannte Leistungsgesellschaft beginnt sich zur sozialen Kulturgesellschaft zu entwickeln, die Bürger werden mehr Freizeit brauchen und sie schließlich auch haben.

Eine Freizeitgesellschaft also, in der nicht nur Spiel und Sport gefördert werden, sondern auch Kultur und soziales Engagement. Wohlbefinden und Kreativität der Mitglieder werden immer mehr in den Mittelpunkt des Gesellschaftszweckes rücken. Die Menschen sollten sich sensibel genug entwickeln, um politisches Bewußtsein in freien Debatten und Diskussionen zu entwickeln, so daß demokratische Formen der Führung auf allen Ebenen möglich werden sollten. Die Stabilität dieser Gesellschaft wird sich auf den Ausgleich ihrer Kräfte und Gruppen gründen.

Es ist erstaunlich, daß hochstehende Intellektuelle oft diesen Zusammenhang zwischen Werbung und Gesellschaft nicht erkennen können oder wollen. Die Werbung wird von ihnen immer noch als Ausgeburt eines rücksichtslosen Kapitalismus verstanden. Eines Kapitalismus, der, wie sie selbst sagen, überholt ist. Die Werbung von heute wird logischerweise nicht denjenigen von gestern in Auftrag gegeben. Die Unternehmen von heute befinden sich im Wandel und haben längst ein auf die Gesellschaft als Ganzes bezogenes Selbstverständnis. Ein Selbstverständnis, das sich auf die Zukunft bewegt.

Es ist erstaunlich, daß Intellektuelle oft diesen Zusammenhang zwischen Werbung und Gesellschaft nicht erkennen können.

Ein Beispiel über das Vorurteil über die Werbung möchte ich hier noch erörtern. Es hält sich hartnäckig und ist dem Buch «Der Gotteskomplex» von Horst E. Richter entnommen. Richter schreibt (10. Kapitel, Seite 166) unter anderem:

«Wo überall man es selbst in der Hand hat, sich durch Machen irgendeinen Genuß zu arrangieren, nützt man diese Gelegenheit zwanghaft aus, um einen leiblichen Ausgleich dafür zu finden, daß man im Kern seiner Person verzweifelt ist. Man flüchtet aus diesem personalen Leiden, dem man sich wehrlos ausgeliefert fühlt, indem man sich hektisch eine äußere Betäubung arrangiert. Tatsächlich ist Betäubung das Wesentliche des Vorganges.

Diese Methode, unerträgliches Leiden durch oberflächlich machbare Befriedigungen kompensatorisch abzuwehren, ist zweifellos eine der zu höchster Virtuosität gediehenen Beschwichtigungsstrategien unserer Zivilisation.

Sie ist durch das kapitalistische Wirtschaftssystem zu einer festen Norm institutionalisiert, die sich ewig reproduziert. Die Wirtschaft erhält durch die Werbung permanent ein Mangelbewußtsein aufrecht, das sie durch ihre auf dem Markt angebotenen Produkte zu sättigen verspricht. Für die Leidensflucht der Menschen gibt es eine derartige Unmenge an Surrogatbefriedigungen durch die raffiniertesten Konsumvarianten, daß wir dadurch inneres Leiden – in der Sprache SCHELERS: negative Bestimmtheit der tieferen emotionalen Ich-Bestimmtheit – jederzeit überdecken können. ‹Jugendliche Frische›, ‹Freiheit›, ‹unbeschwerte Lebensfreude›, ‹Selbstsicherheit›, ‹seelische Harmonie›, ‹ungeahnte Spannkraft› werden durch ‹Traumreisen›, ‹Traumautos›, Seife, Sprays, Getränke, Zigaretten, Dragees, Versicherungen, am Ende gar durch bestimmte Unterwäschemar-

Diese Äußerungen von Horst E. Richter sind typisch für eine Philosophie, die an sich selbst verzweifelt.

ken geliefert. Die Zuflucht zum käuflichen Wohlbefinden ist jedenfalls perfekt organisiert.»

Diese Äußerungen von Horst E. Richter sind im Grunde nicht ungewöhnlich. Sie sind sehr typisch für eine Philosophie, die an sich selbst verzweifelt. Es ist eine Philosophie, die sich nicht mehr vorstellen kann, daß Menschen durch den Konsum von materiellen und geistigen Gütern glücklich werden können. Selbst verzweifelt, setzt diese Philosophie voraus, daß der Mensch von heute im Kern seiner Person verzweifelt ist. Die logische Schlußfolgerung ist, daß jeder Gebrauch von Gütern notwendigerweise den Charakter von Surrogatbefriedigungen hat. Jede Art und Weise, sich diese zu ermöglichen, so zum Beispiel durch die Werbung, wäre dann arrangierte Betäubung. Damit das möglich ist, müßte permanent mit höchster (bösartiger) Virtuosität ein Mangelbewußtsein aufrechterhalten werden. Die kapitalistische Wirtschaft verspräche dann (natürlich aus selbstsüchtiger Profitsucht), mit ihren auf dem Markt angebotenen Produkten dieses Mangelbewußtsein zu sättigen. Und somit würden dem Menschen Wege zur Leidensflucht geöffnet. Das hört sich ja so an, als ob Leidenmüssen beziehungsweise -dürfen eine noble Angelegenheit sei. Es scheint, als ob diese Philosophie das Leiden verewigen wollte. Vielleicht ist gerade diese Geisteshaltung eine der Ursachen der heute verbreiteten Leiden. Müssen denn die Menschen von den «Experten» ununterbrochen hören, wie unglücklich und verzweifelt sie im tiefsten Kern sind? Ist es der Sinn der Philosophie und/oder der angewandten Psychologie, das Leiden zu

Das hört sich ja so an, als ob Leidenmüssen eine noble Angelegenheit sei.

verewigen? Sind alle Wege, die Fluchtwege aus dem Leid sind, deswegen so böse? Oder einmal polemisch ausgedrückt: Soll das Leiden verewigt werden, damit die «Hohepriester» des Leidens nicht stellungslos werden? Damit ihre Funktionen und Institutionen aufrechterhalten bleiben können?
Dies zu behaupten, wäre sicherlich eine Anmaßung. Die Behauptung aber, daß der Mensch in seinem Innersten verzweifelt ist, ist es auch! Das sei in aller Deutlichkeit gesagt. Es ist ein halber Versuch, diese Anmaßung abschwächen zu wollen, indem ich darauf hinweise, Horst E. Richter spräche nur von denjenigen, die in tiefster Seele unglücklich seien. Dem ist nicht so. Der Hinweis auf die Produkte der Wirtschaft und die Anwendung der Werbung bedeutet automatisch, daß alle Menschen gemeint sind.
Alle Menschen benützen Produkte der Wirtschaft, und alle Menschen unserer Zivilisation konsumieren täglich materielle und geistige Güter. Damit ist bewiesen, daß die Anspielung auf den Konsum und die Anwendung der Werbung ein Schlag ins Gesicht der ganzen Gesellschaft ist.
Daß die Werbung – wie von Richter zitiert – Formulierungen verwendet, die auf das Aufheben des Leidens zielen, spricht nur für die Werbung. Es ist eine logische Konsequenz, weil sie – wie schon beschrieben – wahre Bedürfnisse des Menschen anspricht. Eines der zentralen Bedürfnisse des Menschen von heute ist, endlich von seinem ihm ständig eingeredeten Unglück befreit zu werden.
Gestatten Sie mir, ein weiteres Zitat aus dem Buch von Richter anzubringen. Zuvor möchte ich bemerken, daß der Schiefe Turm von Pisa nicht schief ist, sondern nur auf einer schiefen Basis steht.

Ist die Basis aber schief, dann steht der ganze Turm schief, auch wenn sich alle Stockwerke rechtwinklig zueinander fügen. Eine Theorie, die von einem Axiom ausgeht (das Leiden der Menschen), kann logisch sein, ist aber trotzdem falsch, wenn das Axiom nicht stimmt.

Eine Theorie, die von einem Axiom ausgeht, ist falsch, wenn das Axiom nicht stimmt.

So schreibt Richter weiter: «Der gesamte Wortbestand, der mit Leiden und Aufhebung von Leiden verknüpft ist, wird uns laufend von der Werbung im Zusammenhang mit Waren vorgeführt. Die dadurch angerichtete Verwirrung ist nicht so harmlos, wie es auf den ersten Blick aussieht. Die Werbung zielt darauf ab, uns den wesentlichen Unterschied zwischen den verschiedenen Schichten des emotionalen Erlebens vergessen zu lassen. Wir sollen glauben, daß auch ein tief innerliches Gefühl von Unfreiheit und Verzweiflung nichts anderes sei als oberflächliche Beklommenheit oder Mißmutigkeit, die man durch irgendeinen Konsum beheben kann. Wir sollen uns einbilden, die oberflächlichen Surrogatbefriedigungen, die uns ablenken sollen, wenn wir uns im Kern sinnlos und unglücklich fühlen, höben dieses zentrale Leiden auf und überdecken es nicht nur. Und der inflationäre Mißbrauch bestimmter Worte erscheint durchaus geeignet, diese Verwechslung zu fördern. Denn es bedarf der Sprache, um Emotionales auszudrücken und zwischen verschiedenen Ebenen des Befindens zu differenzieren.»
Eben, es bedarf der Sprache, um Emotionales auszudrücken, um zwischen verschiedenen Ebenen des Befindens zu differenzieren. Und genau das ist eine der großen Leistungen der Werbung, daß sie den Mut

hat, die verschiedenen Ebenen des Befindens zu entdecken, diese sichtbar zu machen, zu formulieren und darzustellen.

Ich möchte noch einmal darauf hinweisen, daß es eine grobe Vereinfachung ist zu behaupten, Werbung erscheine nur im Zusammenhang mit Waren. Es gibt Werbung für Verlage, Theater, ideelle, karitative, für kulturelle und soziale Institutionen. Und nicht jede Befriedigung ist eine oberflächliche Surrogatbefriedigung. Umgekehrt gesehen bezieht sich nicht jede Surrogatbefriedigung auf materielle Güter. Ebenso kann das Ansehen eines Films, der Besuch einer Theateraufführung, das Lesen eines Buches oder das stundenlange Fernsehen und Radiohören eine Ersatzbefriedigung sein. Das trifft auch auf das Fahren eines Autos zu. Es kann sein, muß aber nicht.

Und nicht jede Befriedigung ist eine oberflächliche Surrogatbefriedigung.

Viele materielle Güter fördern sportliche und kreative Aktivitäten: Das Wandern und Skilaufen, alle möglichen Wassersportarten; es wird zum Beispiel zum Filmen und Photographieren aufgefordert oder zur Teilnahme an Fortbildungsprogrammen. Ebenso werden für Schulen und Kurse intensive Werbekampagnen durchgeführt.

Alles, was die menschliche Aktivität fördert, sei es körperlich oder geistig, ist im Prinzip schon positiv und Leiden aufhebend. Und zwar zentral, nicht übertünchend. Ich möchte sogar betonten, daß die Mehrzahl der Güter, für die geworben wird, eine positive und sehr sinnvolle Bedeutung für die Menschen haben.

Alle Gänse haben zwei Beine. Doch bekanntlich nicht alles, was zwei Beine hat, sind Gänse.

Man kann nicht alle Produkte oder Dienstleistungen als oberflächlich und sinnlos abtun, weil für sie geworben wird. Natürlich stimmt auch hier die Umkehrung: Nicht alle Produkte, für die geworben wird, müssen deswegen sinnvoll sein. Das gilt auch für geistige Güter.

Interessanterweise wird für kulturelle Aktivitäten totale Freiheit gefordert. Oft wird der größte Unsinn verfilmt, und das oberflächlichste Theaterstück hat die Chance, irgendwo einmal aufgeführt zu werden. All dies hat seine Berechtigung, weil zur Entfaltung des gesellschaftlichen Seins die Freiheit des Ausdrucks gehört. Zur Freiheit gehören auch Unsinnigkeiten.

Das gleiche Recht sei der Werbung zugestanden!

Denn Werbung ist ein Ausdruck von Zivilisation und Kultur. Nun kann es passieren, daß für ein nutzloses Produkt klug, aber für ein sinnvolles Produkt dumm geworben wird. Dann sollte man nur die «begrenzte Aktivität» beurteilen und nicht gleich die ganze Werbung verdammen.

Es gibt künstlerisch interessante Filme, formal und gestalterisch, die sich verheerend auf die Seele des Menschen auswirken können. Ferner gibt es Romane und Theaterstücke, die nicht dem Glück des Menschen dienen, sondern sein Leben absurd und unwichtig erscheinen lassen.

Es gibt künstlerisch interessante Filme, die sich verheerend auf die Seele des Menschen auswirken können.

Vielleicht stürzen sie Millionen von Menschen in Verzweiflung, möglicherweise Hunderte in den Selbstmord. Trotzdem haben wir den Mut, sie zu akzeptieren und uns mit ihnen auseinanderzusetzen.

Die Werbung besitzt nicht das Privileg, auf die Psyche des Menschen Einfluß zu nehmen. Jede politische Ansprache, jedes religiöse oder ideologische Zelebrieren, jede künstlerisch gestaltete Interpretation des Lebens nimmt Einfluß auf die Psyche des Menschen. Oft in weit größerem Ausmaß, als es je einer Werbekampagne gelingen würde. Die «Hohepriester des Leidens» mögen das zur Kenntnis nehmen. So ist auch der im Zitat angeführten Behauptung: «Die Werbung zielt darauf ab, uns den wesentlichen Unterschied zwischen den verschiedenen Schichten des emotionalen Lebens vergessen zu lassen», ohne Einschränkung zu widersprechen.

Die Meinung von Richter sei hier nur als Beispiel für eine weitverbreitete, pessimistische Philosophie angeführt, die gewollt oder ungewollt dem Glück des Menschen nicht weiterhilft. Sie ist die Grundlage für die Verunsicherung unserer Gesellschaft und insofern zu entschuldigen, als sie Ausdruck der Freiheit des Geistes eines im innersten Kern verzweifelten Denkens ist, das, im Spannungsfeld der heutigen Entwicklung stehend, nicht mehr weiterzusehen vermag.

Diese Philosophie ist insofern zu entschuldigen, als sie Ausdruck eines im Kern verzweifelten Denkens ist.

Grundsätzlich wäre in diesem Zusammenhang noch etwas auszusprechen: Déformation professionelle sei auch den Psychologen gestattet. Sie sollen sich nur der Grenzen ihres Wissens bewußt bleiben! Das scharfe Messer moderner Psychoanalyse hat schon tief genug in die Seelen der Menschen geschnitten.

Schon als Kind erfährt der Mensch unserer Zivilisation, daß er voller Verdrängungen, Komplexe und dunkler

Triebkräfte sei. Mit der Hartnäckigkeit bloßer Neugier spürt er seine Seele einer gnadenlosen Wissenschaft ausgeliefert. Fassungslos und hilflos wird ihm «die tiefe Verzweiflung seiner Person» eingeimpft. Das hat ihm das Leben nicht mitgegeben. Eine Verzweiflung, die ihm den ganzen Reichtum seiner Seele zerschneidet, bloßlegt und schließlich zu zerstören droht, bevor er sich aus eigener Kraft selbst verwirklichen kann.

Die Unantastbarkeit der Person ist ein zentrales Prinzip unserer heutigen Gesetzgebung. Unantastbar ist nicht nur der Mensch, sondern auch seine Seele.

Unantastbar ist nicht nur der Mensch, sondern auch seine Seele.

Es ist zu hoffen, daß sich die Psychologen der Gefahren ihres Tuns bewußt sind. Man hat nicht immer diesen Eindruck. Nach dem Gesetz fortschreitender Erkenntnis sollten sie in der Lage sein, ihrem Wirken Grenzen zu setzen. Die Werbung hat es längst getan, indem sie den Menschen, so wie er ist, ernst nimmt und sein läßt, damit er sich weiter entfalten kann.

Die Unantastbarkeit der menschlichen Psyche ist ein lebensnotwendiges Prinzip. Sie dient der Entfaltung des Menschen und hilft ihm, sich individuell entwickeln zu können.

Das soll nicht heißen, daß die Psyche des einzelnen von Konfrontationen fernzuhalten sei. Im Gegenteil: Konfrontationen (dazu zählt auch die Werbung), Ideen, Anregungen oder Leitbilder gehören zum lebensspendenden Umfeld, in welchem sich die Psyche eines jeden nach eigener Kraft und eigenem Wollen entfalten kann.

Unter Unantastbarkeit der Psyche verstehe ich – und das ist das Zentrale –, daß es jedem einzelnen überlassen sein muß, seine Kräfte und sein Wollen zu erfahren und danach zu handeln. Die Vielfalt in jeder Persönlichkeit, die aufgrund dieses Prinzips möglich wird, ist der Nährboden für den Reichtum einer glücklichen Gesellschaft. So gesehen, ist jede aus eigener Kraft bestimmte Selbstverwirklichung gleichzeitig ein Beitrag an die Allgemeinheit.

Selbstverwirklichung setzt Selbstbestimmung voraus. Natürlich nicht nur bei Völkern und Staaten, sondern auch im Leben jedes Menschen. So wie Völker und Staaten das Recht haben, Fehler zu begehen und Irrtümern zu unterliegen, solange nicht die Selbstbestimmung anderer Völker eingeengt oder gar verunmöglicht wird, so hat auch jeder Mensch das gleiche Recht. Das Recht selbstverständlich nur. Nicht die Pflicht.

Selbstverwirklichung setzt Selbstbestimmung voraus, auch im Leben jedes Menschen.

Das Recht, Fehler machen zu dürfen und Irrtümern zu erliegen, ohne deswegen gleich als Asozialer oder psychisch Kranker abgestempelt zu werden (Völker und Staaten werden es deswegen ja auch nicht), ist Bedingung für das Glück des Menschen. Gemachte Fehler führen früher oder später zu Einsichten, und aus freiem Willen stellen sich qualitative Veränderungen ein.

Hilfe und Solidarität sind immer erlaubt, oft sogar gefordert. Aber sie haben nur dann einen Sinn, wenn sie sowohl vom Gebenden als auch vom Nehmenden gewollt und akzeptiert werden können.

Es gab immer wieder Menschen, oft sehr begabte, die in intensiver Auseinandersetzung mit dem Leben im allgemeinen und demnach auch mit dem eigenen standen und jede angebotene Hilfe strikte, ja vehement ablehnten. Deshalb ablehnten, weil jede noch so gutgemeinte Hilfe einer Erinnerung, ja Zerstörung ihrer Freiheit in der Auseinandersetzung um die Geheimnisse des Lebens gleichgekommen wäre. Nennen wir Van Gogh oder andere. Oft sind aus diesen, in freier Selbstbestimmung gewählten Auseinandersetzungen die größten Kunstwerke entstanden.

Nicht jede Eigenheit ist eine seelische Störung. Nicht jedes tief empfundene Erlebnis in der Kindheit, das zu einer gewissen Sensibilität im Zusammenhang mit diesem Erlebnis geführt hat, ist ein Komplex. Nicht die sozialen Zusammenhänge und Bezüge allein wie zum Beispiel das Vater/Mutter-Verhältnis, die Persönlichkeit der Eltern oder die Eigenart anderer Autoritätspersonen prägen die Seele und sind für das Verhalten eines Menschen bestimmend. Bei Familien mit vielen Kindern ist häufig zu beobachten, daß die Geschwister sich verschieden, manchmal diametral entwickeln. Vieles wurde tatsächlich im wahrsten Sinne des Wortes «mit in die Wiege gelegt». Es sind nicht alle Prägungen und Eigenheiten negativ. Ganz im Gegenteil: Sie bilden die Grundlage individuellen Reichtums.

Ein junger Mensch, der verschlossen ist, kann später seine Knospen öffnen. Und es ist falsch, immer und à tout prix sofort herausfinden zu wollen, was denn die Gründe der Verschlossenheit seien. Oft wird viel zu früh nach dem Seelenarzt gerufen und unnötigerweise an der Psyche «herumgedoktert». Zuletzt kommt die späte Erkenntnis, daß mehr zerstört als geholfen wurde.

Oft wird viel zu früh nach dem Seelenarzt gerufen.

Sicher sollte nach dem Sinn des Seins geforscht, das Wesen des Menschen erkundet werden. So wie man den Geheimnissen der Natur auf den Grund geht. Ziel aller Wissenschaften sollte es sein, dem Menschen und der Gesellschaft zu dienen und nicht sie in Gefahr zu bringen. Das Symbol des Zauberlehrlings verkörpert unsere Angst, daß respektloses Wissenwollen uns letztlich umbringen könnte.

In den vergangenen hundert Jahren erlebten wir – dank den Naturwissenschaften – einen atemberaubenden technischen Aufschwung. Dies sei lobenswert vermerkt. Allerdings erreichen wir in unserer Entwicklung jetzt einen Punkt, wo wir uns darauf konzentrieren müssen, daß alles, was wir heute wissen und handhaben können, unter Kontrolle bleibt.

Der bedenkenlose Fortschritt muß einem sinnvollen Fortschritt weichen. Schon beginnen wir unsere Natur, Grundlage unseres Lebens, zu gefährden. Wir müssen erkennen, daß wir der Natur nur so viel Wissen entnehmen dürfen, als wir verkraften und technisch anwenden können. Dies trifft sowohl in bezug auf die Gesellschaft als auch auf den Menschen als individuelle Erscheinung zu. Gelänge es uns, der Natur die letzten Geheimnisse zu entringen, würden wir uns wahrscheinlich selbst auflösen. Das europäische Denken darf in dieser Hinsicht von den Philosophen des Fernen Ostens und dem Wissen alter, vergangener Kulturen ruhig wieder etwas aufnehmen. Wissenschaft und Technik haben nur dann einen Sinn, wenn sie unserem Glück dienen und dieses auch langfristig zu erhalten imstande sind.

Gelänge es uns, der Natur die letzten Geheimnisse zu entringen, würden wir uns wahrscheinlich selbst auflösen.

Die heutige Verunsicherung über die Anwendung der Atomkraft ist ein Ausdruck des Bewußtwerdens der Grenzen, die wir uns setzen müssen, wollen wir weiterleben. Nicht nur heute und morgen, sondern auch übermorgen. Alles Wissen und Können, ebenso alle Mittel sollten heute mobilisiert und eingesetzt werden, um dieses Ziel zu erreichen. Jeder im Rahmen seiner Möglichkeiten und der ihm zustehenden Funktion.
Wir tragen die Fackel des Lichts in der einen und das Schwert der Dunkelheit in der anderen Hand. Es liegt an uns, das Schwert jetzt hinzulegen, um zu verhindern, daß wir von ihm eines Tages gerichtet werden.

3 Vordenker und Sponsoren der Zukunft

Die Kreativen im Griff des Computers

Das Zeitalter des Computers ist angebrochen. Keine Firma, keine Verwaltung, keine Dienststelle gibt es mehr, in der nicht mit dem Computer gearbeitet wird. Die phantastischen Möglichkeiten der Informatik, der elektronischen Erfassung, Bearbeitung, Speicherung und Vernetzung von Daten verändert in atemberaubendem Tempo das wirtschaftliche und gesellschaftliche Leben.
In der Forschung, in der Medizin, in der Technik und im Finanzwesen ist der Computer sowenig mehr wegzudenken wie im öffentlichen Verkehr, auf der Straße, der Schiene, im Wasser und in der Luft. Keine Raumfahrt, keine Satelliten und keine weltumspannende Telekommunikation wäre möglich ohne die raffinierten Computersysteme. Die Beispiele ließen sich beliebig fortsetzen, denn alle Bereiche, auch des sozialen und des kulturellen Seins, werden von den kleinen Elektrorechnern erfaßt.
Schon prophezeit Amerikas Computer-Genie Bille Gates die totale Veränderung des Alltags für alle Bürger. Der PC soll demnach ständiger Begleiter in allen Lebenslagen werden. Elektronisches Portemonnaie statt Kreditkarte, PC-Cockpit statt Telefonkabine, Tele-Shopping statt Einkaufsbummel und interaktives Zusammenstellen von TV-Sendungen

Schon prophezeit Computer-Genie Bille Gates die totale Veränderung des Alltags.

nach persönlichem Geschmack aus 500 Kanälen, wobei auch der Ausgang eines Filmes jeweils individuell zu bestimmen sein wird, statt familienfreundliches Fernsehen werden dann mit vielen anderen, heute noch unbekannten Innovationen und den daraus sich entwickelten Gewohnheiten und sozialen Verhalten das Zusammenleben bestimmen. Ob allerdings die Menschen fähig und willens sein werden, die technisch anspruchsvollen Programme zu bedienen, bleibe noch dahingestellt. Auch ist es völlig offen, ob man dann Bücher und Zeitschriften nur noch per Bildschirm lesen wird beziehungsweise will oder ob man zum Beispiel das Betrachten von Kunstwerken per CD-Rom einem Besuch in den entsprechenden Museen und Galerien vorziehen wird oder nicht. Noch wird der Alltag in der heutigen Zeit, also ausgangs unseres 20. Jahrhunderts, durch den rasanten Siegeszug des Computers nicht wesentlich beeinflußt. Jedenfalls nicht negativ, was das individuelle und soziale Leben der Bürger betrifft.

Der Computer wird immer noch positiv als ein technisches System verstanden, das in bezug auf die Produktion von Gütern und die Verfügbarkeit von Dienstleistungen sowie die Übermittlung von Bild- und Textdaten sensationelle Verbesserungen gebracht hat und weiterhin auch zu bringen imstande sein wird. Der Computer wird also mit Recht grundsätzlich positiv bewertet. Täglich profitiert man im Alltag von den Leistungen der elektronischen Datenverarbeitung. Der rasche Zahlungsverkehr, die weltweit schnellen Buchungen bei Reisen und Reservationen, ganz gleich, ob es sich dabei um Hotels,

Der Computer wird grundsätzlich positiv bewertet.

Mietautos, Platzkarten für eine Theatervorstellung oder Schiffskabinen handelt. Das blitzschnelle Abrufen aller möglichen Daten zum Hausgebrauch vom PC selber oder über die Video- und Teletextsysteme bestätigen täglich die Effizienz dieser technischen Revolution, die das Leben aller Menschen im Alltag wesentlich erleichtert hat. Dazu kommen viele Leistungen, die wir in unserem täglichen Leben dank dem Computer genießen, ohne es zu bemerken. So zum Beispiel die Lenkung des Verkehrsflusses auf den Straßen über zentrale Leitstellen, die je nach dem Verkehrsaufkommen an Kreuzungen und in Tunnels über die Leuchtampeln regulierend eingreifen oder auf Schienen und Straßen Entlastungszüge und Ersatzbusse einsetzen. Auch der rasche Transport und die gezielte Verteilung von Lebensmitteln und Gütern des täglichen Lebens wäre in diesem Ausmaße und in dieser Pünktlichkeit, wie es heute bereits Selbstverständlichkeit geworden ist, ohne eine durch Computer gesteuerte Logistik nicht mehr möglich. Was wir auch kaufen oder nutzen, ja man darf sogar sagen, was wir heute auch tun oder lassen, in irgendeiner Form ist der Computer immer, wenn auch zumeist unsichtbar, involviert. Wir alle wissen, daß wir ohne Computer nicht mehr auskommen können und auch nicht wollen. Im Gegenteil: Der Computer erfüllt uns alle mit der großen Hoffnung, daß dank seiner Leistungsfähigkeit die Menscheit viele Probleme der Zukunft schließlich in den Griff bekommen wird. Auch die der Bedrohung der Natur, angefangen beim Ozonloch bis zum Kahlschlag des Regenwaldes und die der Bedrohung der Menschheit durch eine weltweite Überbevölkerung in bezug auf die zur Verfügung stehenden Ressourcen zur Garantie einer ausreichenden Ernährung aller Erdenbürger.

Der Computer ist die entscheidende technische Errungenschaft unseres Jahrhunderts.

Der Computer ist also die entscheidende technische Errungenschaft unseres Jahrhunderts, unser Heil und unser aller Rettung vor den Bedrohungen eines übereilenden Fortschrittes, der uns an den Abgrund des Chaos zu führen scheint. Der Computer gibt uns Zuversicht und wiegt uns in Sicherheit. Er ist da und bereits schon zur Natur unserer Zivilisation geworden.

Negatives wissen wir noch nicht vieles zu berichten. Als braver Durchschnittsbürger hat man bisher auch nur wenig Negatives in dieser Beziehung erleben können. Gut, wenn zum Beispiel eine Filialbank plötzlich die Gelder nicht mehr auszahlen kann, weil ihr Computer «abgestürzt» ist, dann nimmt man das als kleine Panne zur Kenntnis und verdrängt die aufkommende Ahnung, daß dies Geschehene für eine anwachsende Abhängigkeit steht, für ein Instrumentarium, das sich verselbständigen kann und vielleicht eines Tages von uns Menschen nicht mehr zu kontrollieren wäre; eine Ahnung, die allerding schnell verdrängt wird.

Die Wissenschaftler, die Ingenieure, die Computerspezialisten, die Techniker, die Programmierer werden auch diesen Fragen nachgehen und entsprechende innovative Lösungen finden. Trotzdem, nach einem solchen Erlebnis bleibt irgendwo im Hinterkopf ein gewisses Unbehagen hängen. Etwas größer wird das Unbehagen, wenn eine Diskussion über notwendige Datenschutzgesetze geführt wird und bei der Gelegenheit dem Bürger plötzlich bewußt wird, daß der Computer ja nicht nur Verkehrsströme kontrollieren und lenken kann, sondern auch höchstpersönliche und private Informationsströme, welche schlußendlich die Integrität und die Freiheit der Person in Frage stellen könnten.

Dieses sich im Bewußtsein der Menschen langsam verdichtende Unbehagen wird nicht kleiner, wenn man liest, daß der sich anbahnende sogenannte Daten-Highway den größten Fortschritt bilden soll in Form einer weltweiten und vollständigen Vernetzung sämtlicher Bildschirme. Welche Kontrollsysteme dann die bedenkenlose Weitergabe von gespeicherten Daten begrenzen beziehungsweise verhindern sollen, wissen wir noch nicht. Wer diese Kontrollsysteme schaffen, programmieren und handeln wird, wer also die Kontrollsysteme selbst kontrollieren wird, wissen wir ebenfalls nicht. Das ist die Kehrseite der so schönen Medaille, mit der sich die Gesellschaft noch politisch auseinanderzusetzen haben wird. Zu hoffen ist nur, daß Orwells berühmter Roman «1984» sich in das Bewußtsein unserer Zivilisation so tief eingegraben hat, daß diese düstere Prophezeiung einer fatalen Gesellschaft auch im nächsten Jahrhundert nicht Wirklichkeit werden kann. Eine Prophezeiung übrigens, die ohne Wissen der inzwischen erfolgten technischen Innovationen und ohne Wissen einer Machbarkeit einer solchen Gesellschaft niedergeschrieben worden war.

Wer die Kontrollsysteme kontrollieren wird, wissen wir nicht.

Nein, wir wollen nicht die Maschinen stürmen, am Computer liegt es nicht, sondern an uns, wie wir mit ihm umzugehen verstehen.

Uns interessiert die Frage, ob der Computer auch zur Gestaltung von Werbemitteln, also für die Graphik, und zum Erfassen von Werbetexten einzusetzen ist.

Wie wir wissen, kann jedermann auf dem Markt verschiedene Text- und Graphikprogramme kaufen, mit welchen einfache Werbemittel schneller und kostengünstiger herzustellen sind. Vielfältige Text- und Bildelemente sind gespeichert und können beliebig abgerufen und variiert werden. Beinahe spielerisch sitzt man an seinem PC, tippt neue Textelemente ein, kombiniert diese mit bereits bestehenden, die aus der Datei abgerufen und eingefügt werden, vergrößert, verkleinert, verzerrt das Ganze, ersetzt Schriften, fügt nun Bildelemente ein, vergrößert, verkleinert, verzerrt nochmals das Ganze, sucht und kombiniert, speichert und druckt aus – und schon ist das gewünschte Flugblatt, Poster oder Inserat fertig. Ein Puzzlespiel also, an dem sich nicht nur professionelle Werber, Konzepter, Texter und Graphiker beteiligen, sondern selbstverständlich jedermann, der aus irgendeinem Grunde ein kostengünstiges Werbemittel herstellen muß. So ist es nur verständlich, wenn Vereine und Clubs, kleine Gewerbetreibende oder Restaurateure und Hoteliers für ihre Bedürfnisse viele Werbe- und Verkaufshilfsmittel an ihren eigenen Computern selbst herstellen. In vielen Fällen gelingt das auch, und es spielt dann auch keine Rolle, daß viele Flugblätter, Poster und Inserate sich immer mehr zu ähneln beginnen.

Ist der Computer kreativ oder ist es der Mensch?

Unabhängig von der künstlerischen Qualität dieser mit dem Computer geschaffenen Werbeprodukte ist die Frage erlaubt, ob nun der Computer oder der Gestalter, also der Mensch, diese Kreationen geschaffen hat. Ist in Tat und Wahrheit der Computer kreativ oder ist es nach wie vor der Mensch? Natürlich ist es der Mensch, denn er entscheidet ja, welche Kombination schlußendlich als endgültige Fassung gewählt wird. Der Computer hat ihm nur die einzelnen Puzzleteile für das ganze Spiel zur Verfügung gestellt und ihm mit seiner programmierten Kombinationsgabe zu seiner Lösung verholfen, jedoch mit keinerlei eigener Kreativität zu dieser Lösung beigetragen. Die Gefahr für den am Computer arbeitenden kreativen Menschen ist es nun, daß er im immens gespeicherten Datenfeld immer mehr zu suchen und zu vergleichen beginnt und im tastenden Gang durch dieses Labyrinth seine eigene Kreativität verlieren muß. Sein gestalterisches Können und Wollen wird durch die Vielfalt der Möglichkeiten nicht ausgeweitet, sondern immer mehr eingeschränkt. Er begibt sich auf die Stufe von kleinen Kindern, die mit Bausteinen spielen und voller Staunen die Gesetze der Schwerkraft und Möglichkeiten der Konstruktionen kennenlernen. Es lohnt sich, gedanklich einmal zu analysieren, was eigentlich Kreativität ist und auf was die menschliche Gabe der Kreativität beruht. Betrachten wir zuerst die Begriffe: der Duden übersetzt Kreativität als «schöpferische Kraft». Die Kreation ist demnach eine Schöpfung, und so heißt kreativ sein notabene schöpferisch sein. Wie nahe liegt doch das Wort Kreatur, worunter man ein einfaches Geschöpf, ein Lebewesen und beim Menschen eine willenlose Existenz als Werkzeug in der Hand eines anderen versteht. Nun hat bekanntlich der Mensch den Computer geschaffen und nicht umgekehrt. Also der Mensch, der niemals so viele Daten in seinem Gehirn zu speichern vermag wie ein Computer, ist ihm hoch überlegen, indem er ihn zu schaffen vermochte. Wie war denn das möglich? Sicherlich ist vorerst die Schlußforderung gestattet, daß demnach das menschliche Gehirn und somit das menschliche Bewußtsein mit dem Computer nicht zu vergleichen ist. Worin besteht denn nun die Kreativität des Menschen, die es ihm ermöglicht, aus Bestehendem Neues zu schöpfen, welches es vorher nie gegeben hat und das sich selbst auch nie geschaffen hätte?

Eine wichtige Voraussetzung im Schöpferischen des Menschen liegt meiner Meinung nach in der göttlichen Begabung unseres Gehirns, vergessen zu können. Stellen wir uns einmal vor, wir könnten nicht vergessen und müßten sämtliche Eindrücke, Sinneswährungen und Tagesabläufe unseres ganzen Lebens von der Geburt an ständig in unserem Bewußtsein mittragen.

Im Schöpferischen liegt, die göttliche Begabung vergessen zu können.

Wie schrecklich die Vorstellung, wir würden in einem geistigen Chaos enden. Wie durch Siebe, die übereinander gehalten werden, versinken stufenweise Erlebnisse und Geschehnisse in dem Teil unseres Gehirns, der das Vergessen ermöglicht. Bekanntlich vergessen wir nicht alles, denn viele eindrückliche Bilder aus der Kindheit und aus dem weiteren Leben bleiben präsent. Andere beginnen in unserem Bewusstsein stufenweise zu versinken. Damit schafft unser Gehirn eine Selektion dessen, an was wir uns erinnern können. Und weil wir vergessen können, entwickelten wir das Nachdenken. Denn Denken beginnt beim Grübeln, beim Nachdenken, was man vergessen hat. Und siehe da, es gelingt, gewisse Erinnerungen wieder hervorzuholen. Versuchen wir diese Gabe mit dem Computer, so sehen wir auf einen Blick sofort, der Computer kann nicht vergessen. Er kennt kein stufenweises Abrufen von Daten. Sie bleiben für immer da, oder sie werden ganz gelöscht. Der Computer kann nicht Daten zu zehn oder zwanzig Prozent, zu fünfzig oder zu neunzig Prozent löschen. Er ist absolut, er ist ein technisches Instrument. Und da er nicht vergessen kann, kann der Computer auch nicht denken. Und da er nicht denken kann, ist er nicht kreativ.

Denken beginnt beim Nachdenken, was man vergessen hat.

So gesehen ist der geheimnisvolle Gigant Gehirn, den wir besitzen, dem Computer um Lichtjahre überlegen. Unsere Gehirnforschung steht bekanntlich erst am Anfang. Noch können wir künstlich kein Gehirn produzieren. Auch nicht mit Hilfe des Computers. Könnte der Computer nachdenken, statt nur gespeicherte Daten zu kombinieren und zu prüfen, dann würde er Gefühle entwickeln, dann würde er ein menschliches Wesen, und dann könnte er den Menschen auslöschen. Diese Vision braucht uns jedoch nicht zu schrecken, denn das wird nie Wirklichkeit. Die Gefahr für die Kreativen, am Computer zu arbeiten, besteht nun darin, daß sie immer mehr suchen und vergleichen, statt zu grübeln und nachzudenken. Es ist kein Zufall, daß große Schriftsteller sich weigern, am Computer zu arbeiten. So hat zum Beispiel Friedrich Dürrenmatt seine Theaterstücke von Hand geschrieben, also sogar auf die Schreibmaschine verzichtet. Wenn ein Texter nicht ständig gespeicherte Daten einsehen kann, sondern vor dem leeren Blatt Papier seine kreativen Texte niederschreiben muß, dann ist seine ganze Kreativität gefordert.

Das gleiche gilt auch für die bildliche Gestaltung. Die Nutzung von Computern in den modernen Kommunikationsberufen, sei es nun Werbung, Journalismus oder Public Relations, als Hilfsmittel zur Erfassung und Vergleichung von Daten wie zum Beispiel bei der Marktforschung oder bei der Logistik für organisatorische Abläufe, bei der Adreßkartei und natürlich in allen Verwaltungs- und Finanzbereichen, ist eine Selbstverständlichkeit. Daß jedoch die kreativ arbeitenden Gestalter und Texter sich in den Griff des Computers begeben, ihr Gehirn der Maschine delegieren und somit ihre Emotionen auf der Strecke bleiben, ist nicht nur bedenklich und eine große Gefahr, sondern impliziert auch ein Verhalten, das die Kreativität des Menschen als zweitrangig, ja als unwesentlich erscheinen läßt. Genau dem sollten aber die Kreativen nicht Vorschub leisten. Ihr Beruf lebt von der Inspiration, und die kann nur von ihnen selbst aus kommen. Gerade die Kreativen sollten es sich vor Augen halten, daß der Computer niemals Bilder von einem Gustav Klimt hätte malen oder die Musik eines Wolfgang Amadeus Mozart komponieren können. Die menschliche Psyche, unsere Gefühlswelt ist das Geheimnis unseres Seins. Nur aus diesen Bereichen kann Neues entstehen, kann Kreativität entwickelt und Kunst geschaffen werden.

Kreativ ist nur der Mensch und kein noch so phantastisch arbeitendes, bestens funktionierendes elektronisches Datensystem. Die Kreativität des Menschen unterscheidet ihn von der Kreatur.

Wie sieht nun die Wirklichkeit bei der Werbung aus? Kürzlich besuchte ich eine mittelgroße Werbeagentur und konnte mit dem besten Willen keine Schreibmaschine mehr entdecken. Die Graphiker, die Konzepter, die Berater und die Texter, sie alle saßen vor den flimmernden Monitoren und starrten wie gebannt ins große Puzzlespiel, tippend und suchend und harrend der Dinge, die da kommen sollten. Wie man lakonisch feststellen konnte, waren in diesem Falle bereits alle Kreativen fest im Griff des Computers. So wie in dieser wird nun wahrscheinlich in den meisten Werbeagenturen gearbeitet. Dies kann man heute leicht auf den auf dem Markt erscheinenden Produkten ablesen, da es trotz vieler origineller Einfälle an der Umsetzung zu wünschen übrigläßt.

Kreativ ist nur der Mensch und kein elektronisches Datensystem.

Insbesondere bei den Printmedien, also bei Plakaten, Inseraten und Streuprospekten fehlt es oft an ausdrucksstarker Spannung in der Graphik, in der Typographie und in den gewählten Bildkompositionen. Ganze Werbekampagnien, alle Werbemittel über einen Leisten gezogen, beginnen sich trotz unterschiedlicher Aufmachung immer mehr zu gleichen, weisen den Charakter von sprunghaft kombinierten Collagen auf und geraten genauso schnell in Vergessenheit, wie sie aufgefallen waren.

Der Charakter des großen Puzzlespiels, eben der Computergestaltung, haftet ihnen wie ein Brandmal auf der Stirne an, und man kann keinen speziellen, individuellen Stil, sei es in bezug auf die Graphik, der Texte oder der dafür verantwortlichen Werbeagentur mehr feststellen. Verwirrend ist oft auch die Botschaft, und der Absender ist in vielen Fällen kaum mehr zur Kenntnis zu nehmen.

Statt bewußter Werbung, statt bewußter Gestaltung entstehen Produkte, die den Eindruck erwecken, man habe «l'art pour l'art» betrieben unter dem Taktstock von «Meister Zufall». Da der Computer den Texter dazu verleitet, immer weniger nachzudenken, und den

Graphiker verführt, mehr zu spielen anstatt sorgfältig und bewußt aus seinem Inneren heraus stark zu gestalten, setzt man anstelle der Kreativität die sogenannte Originalität.
Eine Originalität allerdings, die immer mehr aus der Arbeitssituation und dem Charakter der Werber selbst abgeleitet wird, eine Originalität, die nur noch Insider dieser Branche zu erfreuen vermag und dem Auftrag der eigentlichen Werbung nicht mehr dient, nämlich, Mittler zwischen Auftraggeber und Empfänger zu sein. Wie gesagt «l'art pour l'art» entwickelt also einen Computer, der weder denken noch vergessen kann.

«L'art pour l'art» entwickelt einen Computer, der weder denken noch vergessen kann.

Das Resultat ist nun genau umgekehrt, diese Werbung wird gerade deshalb beim Menschen, beim Empfänger schneller vergessen und kann trotz größtem Aufwand nicht im Gedächtnis haften bleiben. Es fehlt ihr der persönliche, der künstlerische Stil und die Ausdruckskraft einer verantwortungsbewußt sich darstellenden Werbung.
Im Gegensatz dazu erinnert man sich noch heute an Plakate, die längst vor der Zeit des Computers gestaltet worden sind, die die Handschrift des entsprechenden Graphikers tragen und künstlerisch so eindrucksvoll sind, daß sie noch nach Jahrzehnten aus den Schubladen herausgeholt werden und mangels eines Besseren von bekannten Markenfirmen oder Großverteilern neu angeschlagen werden.
Man kann sagen, dies geschehe im Zeichen nostalgischer Moden; nur sollte man dabei bedenken, daß nostalgische Sehnsüchte immer dann sich zu ent-

wickeln beginnen, wenn sich über das Gegenwärtige ein größeres Unbehagen ausbreitet.
Um Mißverständnissen vorzubeugen, sei nochmals gesagt, niemand hat etwas dagegen, daß der Computer in der modernen Kommunikationsbranche, also in der Werbung und in den Public Relations, eingesetzt wird. Doch die Frage ist, wo? Wir sind der Meinung, in erster Linie überall dort, wo die Datenerfassung und -verarbeitung sinnvoll genutzt werden kann.
Wenn jedoch das Schöpferische gefragt ist, wenn es um das Verfassen von kreativen Werbetexten und Schlagzeilen geht und um die graphische Gestaltung, dann sollte man den Computer in jedem Falle weglassen.
Daß Werbung eine Kunst ist und mit künstlerischem Gestalten, mit künstlerischer Eigenart zu tun hat, ist die Schlußfolgerung dieser Betrachtungen.
Daß künstlerisches Schaffen bewußt aus dem Unterbewußten schöpft und vom Kopf aus über die Hand gestaltet wird, zeigte einst eindrücklich ein Film, der, von der Rückseite der Leinwand aufgenommen, Pablo Picasso beim Entstehen von Bildern beobachtete. Bei diesem über einstündigen Studiofilm verfolgte das Kinopublikum in ehrfürchtiger Stille das Entstehen von Picassos Bildern. Man sah weder Pinsel noch Stift, sondern nur die Flächen und Linien, die sich laufend veränderten. Man sah, wie aus vielen Bildern, die ständig verändert wurden, schließlich das endgültige Bild, die definitive Fassung geboren wurde. Ein eindrücklicher und atemberaubender Prozeß, der ununterbrochen auf der Leinwand ablief und tiefe Einblicke in das künstle-

Wenn das Schöpferische gefragt ist, sollte man den Computer weglassen.

rische Schaffen des Meisters freigab. Wie aus einem tiefen Krater, wie aus einer dunkel schlummernden Welt des im wörtlichen Sinne zu verstehenden Unterbewußtseins tauchten die Kompositionen auf.

Beim Malen und Zeichnen, fühlend, tastend, weckten Erinnerungen viele Emotionen, die nur aus dem Gefühlsleben, aus der Psyche des Meisters kommen konnten. Emotionen also, die nur ein beseeltes Wesen, der Mensch, zu wecken fähig ist, zu empfinden und zu gestalten.

Jetzt stelle man sich vor, Picasso hätte Elemente seiner Bilder in einen Computer eingegeben, wäre vor die Tastatur gesessen und hätte im Monitor mit Hilfe «Meister Zufall» seine Kompositionen entworfen. Eine Vorstellung, die nicht jenseits des Machbaren, nicht jenseits von Gut und Böse gelegen wäre, jedoch sicher jenseits der Kunst von Pablo Picasso.

Der Computer, die große Hoffnung der Menschheit zur Lösung gewaltiger materieller und organisatorischer Probleme, ist es schlußendlich auch nicht, der die Kreativen sozusagen automatisch in seinen Griff genommen hat. Es sind die Kreativen selbst, die aus Neugierde und falsch verstandenem Fortschrittsglauben sich in seine geistige Enge begeben, und es liegt nun an ihnen, sich von ihm wieder zu befreien, ohne auf seine wertvolle Nutzung bei sekundären Aufgaben, gesehen in bezug auf die Kreativität, zu verzichten.

Positiv anzufügen wäre diesem Thema noch, daß, im Gegensatz zu vielen Werbungen in den Printmedien, die Qualität der Radio- und vor allem der TV-Spots im vergangenen Jahrzehnt sprunghaft zugenommen hat. Der Einfallsreichtum, die kurzweiligen Abläufe mit überraschendem Schlußeffekt und die oft mit einem ironischen Augenzwinkern «herübergebrachte» Botschaft zeugen sowohl von filmischer Professionalität wie von künstlerischer Kraft. Mag es wohl damit zusammenhängen, daß es für die Verfassung von Story-Boards, für die Führung und die Einstellung der Kamera und für die Regie keine Computerprogramme gibt? Wie dem auch sei, sicher, daß beim Filmen die Intuitionen der Kameraleute und der Regisseure noch voll, das heißt inklusive spontaner Eingebungen, zum Tragen kommen.

Zugegeben, natürlich hat sich das Sehen der Menschen durch die starke tägliche Beziehung zum Medium Fernsehen geändert. Natürlich erwartet niemand bei der Printwerbung dieselbe Werbung wie vor zwanzig oder dreißig Jahren. Doch müssen dann Plakate so aussehen, als ob man die Bewegungsabläufe des Films auf das Papier bannen möchte? Wesentlich sind auch bei der Printwerbung der individuelle Stil und der künstlerische Ausdruck. Und die können die Graphiker und Texter nur aus sich selber gestalten.

Der Computer ist kein beseeltes Wesen.

Der Computer ist kein beseeltes Wesen, er kennt keine Psyche und kann nicht die Sprache finden, um über Werbung die Phantasie der Menschen anzusprechen. Darum sind auch heute noch dafür die Kreativen da, und das wird hoffentlich auch immer so bleiben.

Das große Sponsoring

Die Anfänge des heute immer mehr praktizierten Sponsorings sind in der Werbung zu suchen. Man kann sagen, Sponsoring ist die letzte Stufe der durch Werbung und auch durch die Public Relations entwickelten Öffentlichkeitsarbeit. Man erinnere sich an bereits erläuterte Zusatzleistungen der Werbung. So zum Beispiel an das Coca-Cola-Inserat mit dem in die Ferne wandelnden Paar auf dem sonnenüberfluteten Sandstrand.

Sponsoring ist die letzte Stufe der Öffentlichkeitsarbeit.

Noch eklatanter sind die Plakate der Firma Benetton aufgefallen, deren Bildbotschaften sich vollständig vom Produkt, den modischen italienischen Pullovern, getrennt haben, Themen des Zeitgeistes aufgreifen und bereits schon zu öffentlichen Diskussionen führten. Zum Ende des kalten Krieges brachte Benetton Plakate mit Kindern aus verschiedenen Ländern und verschiedener Rassen, abgebildet in Verbindung mit sowjetischen und amerikanischen Emblemen, auf den Markt, welche die Sehnsucht nach Überwindung des Ost-West-Konfliktes und allgemeinem Frieden auf der Welt symbolisch ausdrückten.

Später brachte Benetton das umstrittene HIV-Positiv-Sujet, um auf die drohenden Gefahren der Aids-Krankheit hinzuweisen. Ob im letzteren Fall die Grenzen des guten Geschmacks überschritten worden sind und ob dieses Sujet einem positiven Ziele zu dienen ver-

mochte, wäre nun ein Thema der noch einzuführenden Werbekritik. Wesentlich ist es festzustellen, daß sich die Botschaften der Werbung immer mehr von den Marken und Produkten verselbständigten, um die letzteren zusehends nur noch als Adressen, eben sozusagen als Sponsoren der Idee dieser Werbung, auftreten zu lassen. Natürlich in der Hoffnung, dafür Sympathien zu erhalten oder zu gewinnen.
Im Falle von Benetton führten die verwendeten starken Motive bereits zu Diskussionen in der Presse und in den elektronischen Medien, ja teilweise sogar zu Proteststürmen. In einigen Städten wurde das umstrittene Aids-Plakat gar verboten. Gewollt oder ungewollt wurde hier auf einmal ein Public-Relations-Effekt erzielt. Dabei stellt sich Benetton offenbar auf den Standpunkt, mit seinen Zusatzleistungen, also mit seinen Motiven, einen Beitrag zur allgemeinen Gesundung der Gesellschaft zu leisten.
Die Entwicklungen gehen aber weiter. Der Mensch lebt nicht nur vom Betrachten von originellen oder eindrücklichen Bildern oder Texten allein. Er will greifbar, spürbar und aktiv an einem möglichst interessanten und vielfältigen Leben teilhaben. So ist es nicht erstaunlich, daß aus der Werbung ein neuer Marketingbereich, das sogenannte Event-Marketing geboren wurde. Erlebnisse vermitteln, heisst jetzt die Devise. Kombinieren von kulturellen, sportlichen und wirtschaftlichen, ja selbst von religiösen und politischen Veranstaltungen wird verlangt. Die Zeit des großen Sponsorings ist angebrochen.

Der Mensch will aktiv an einem vielfältigen Leben teilhaben.

Was ist geschehen? Halten wir uns doch vor den Augen, daß schwere moralische und wirtschaftliche

Einbrüche nach den Zeiten der vergangenen Hochkonjunktur – der schönen, heilen Welt – das Denken von Konsumenten und Produzenten gründlich verändert haben. Viele Märkte sind gesättigt, und man ist sich der Grenzen des Wachstums bewußt, ja auch derjenigen der zur Verfügung stehenden Ressourcen.
Viele «Propheten» glaubten, daraus schließen zu können, daß mit diesen wiederkehrenden Erschütterungen (1968, 1974, 1980 und ab 1991) der Anfang vom Ende der Werbung eingeläutet werden würde. Das wachsende Unbehagen über globale Bedrohungen, sei es in bezug auf die Umwelt, sei es durch das Aufkommen von neuen Krankheiten oder den immer wieder gestörten Weltfrieden durch lokale Auseinandersetzungen und Bürgerkriege, bedürften nach Meinung dieser «Propheten» einschneidende Maßnahmen, die nicht mehr mit kreativen Appellen an die Gefühle der Menschen durchgesetzt werden könnten, in der Meinung, daß die Werbung solchen öffentlichen Anliegen nicht entsprechen könnte, würde sie demnach von selbst schrumpfen und mit der Zeit ganz verschwinden.
Doch siehe da, genau umgekehrt ist die Entwicklung. Neue Aufgaben und neue Auftraggeber gesellten sich zu den bestehenden. Mit Werbebudgets, zum Teil gespiesen aus der öffentlichen Hand, soll nun die Werbung die Menschen bewegen, ihr Verhalten zu ändern. So wird heute nicht nur für das Licht, sondern auch für das Stromsparen geworben, nicht nur für Autos, sondern auch für das Umsteigen auf öffentliche Verkehrsmittel, nicht nur für Konsumgüter,

Mit Werbebudgets aus der öffentlichen Hand soll die Werbung die Menschen bewegen, ihr Verhalten zu ändern.

sondern auch für die Beseitigung des Abfalls und dessen Wiederverwertung. Sogar für das Intimverhalten der Bürger soll, angesichts großer Gefahren, die Werbung wirksam werden. Die Stop-Aids-Kampagnien sind blendende Beispiele dafür.

Da für diese immensen öffentlichen Anliegen immer mehr staatliche Mittel eingesetzt werden müssen, ist es nur eine logische Konsequenz, daß für die Entwicklung und Durchführung von sportlichen und kulturellen Veranstaltungen mehr und mehr Beiträge von der Marktwirtschaft gefragt sind. Somit besteht ein Bedarf, ein Freiraum, in dem wirtschaftliche Unternehmen geradezu eingeladen werden, mit den Geldern ihrer Marketingbudgets wirksam zu werden: Keine sportliche Veranstaltung, sei es eine Fußballweltmeisterschaft oder sei es ein Seifenkistenrennen im Rahmen eines Dorffestes, keine kulturelle Aktivität, sei es eine Kunstausstellung, ein Musikfestival, ein Theaterspektakel für Mimen und Kleinkunst, also keine noch so große oder kleine Veranstaltung, für die nicht nach Sponsoren gesucht und gefragt wird und im wachsenden Umfange auch immer mehr Sponsoren gefunden werden.

Das Engagement von Unternehmern an kulturellen Veranstaltungen hat Konsequenzen.

Das wachsende Engagement von wirtschaftlichen Unternehmern an sportlichen und kulturellen Veranstaltungen hat aber Konsequenzen für diese selbst, indem sie immer mehr zu Trägern des sogenannten Überbaus, also des allgemeinen gesellschaftlichen Lebens werden.

Die Sponsorenverträge werden immer länger und die dafür bereitzustellenden Budgets immer größer. Das ist jedoch noch nicht alles. Das wachsende Engagement verlangt immer mehr die Bereitschaft der dafür verantwortlichen Manager, die schlußendlich ihr Engagement auch ihren Aktionären und Teilhabern gegenüber verantworten müssen, sich mit den Empfängern der Sponsorengeldern beziehungsweise deren Qualität und Zielsetzungen immer tiefer auseinanderzusetzen. In den größeren Firmen gibt es bereits Verantwortliche, ja ganze Abteilungen, die sich mit diesen Anliegen beschäftigen, um die entsprechenden Anträge an ihre Geschäftsleitung vorzubereiten. Konkret heißt das, daß zum Beispiel eine Versicherungsgesellschaft nicht mehr nur Versicherungen verkauft und verwaltet, sondern auch Theaterkunst entwickelt. Oder daß eine Bank nicht nur Bankguthaben verwaltet und Bankgeschäfte tätigt, sondern den nationalen Fußball von der Nachwuchsförderung über den Ausbau der Trainingsmöglichkeiten bis hin zu den großen, weltweiten Auftritten begleitet.

Je größer aber die Mittel für diese Aktivitäten sind und je länger die Verträge dauern, um so mehr wächst die Verantwortung dieser Firmen für die von ihnen gesponserten Belange. Mit etwas Abstand kann man nun erkennen, welche Auswirkung die leisere Form der Gesellschaft durch Werbung und Public Relations hat. Der Staat beginnt mit Mitteln der klassischen Werbung, also mit kreativen Appellen, auf das Verhalten der Bürger einzuwirken, um dringende öffentliche Anliegen durchzusetzen. Und die Wirtschaft beginnt, nebst dem Bereitstellen von Produkten oder Dienstleistungen, auf das allgemeine sportliche, soziale und kulturelle Leben einzuwirken, ja, an diesem sich zu beteiligen.

Der Staat beginnt auf das Verhalten der Bürger einzuwirken.

Natürlich belegen beide Auftraggeber, der Staat und die Wirtschaft, Felder des modernen Marketings, die ineinander übergreifen. So wird eine Kampagnie der Suchtprävention durch Steuergelder bezahlt, sicherlich von einer Serie von Ausstellungen und lokalen Veranstaltungen begleitet. Umgekehrt vergessen die Sponsoren der Wirtschaft selbstverständlich nie, ihr Engagement über die Werbemedien, sei es im Fernsehen oder in den Printmedien, deutlich bekanntzugeben.

Alle Auftraggeber wollen schließlich für ihr Engagement einen Nutzen haben, sei es nun für die Befriedigung öffentlicher Anliegen oder für die Stärkung des Bekanntheitsgrades und der Sympathie für Produkte oder Dienstleistungen. Die Menschen sollen sich näherkommen und durch den Austausch von Informationen und Erlebnissen ein neues, gesellschaftliches Selbstbewußtsein entwickeln.

Geschäft ist nicht mehr nur Geschäft, sondern eine gute Sache. Der Staat ist nicht mehr nur ein abstraktes Wesen, das die Bürger im Auftrage politischer Gremien verwaltet, sondern bekommt Gesicht und Profil. Die verantwortlichen Beamten für dringende öffentliche Anliegen werden zu Gesprächspartnern der Bürger. Sie treten auf im Fernsehen und in der Presse und natürlich an den von ihnen organisierten Veranstaltungen. Der Dialog, der Austausch auf allen Stufen, formiert sich und wird Teil der allgemeinen wirtschaftlichen und politischen Kultur.

Geschäft ist nicht mehr nur Geschäft sondern eine gute Sache.

Aus dieser interessanten Entwicklung darf man die Hoffnung schöpfen, daß sich eine humane und flexible Gesellschaft formen wird, die auch im globalen Maßstab, bei Wahrung der Autonomie aller Völker und ihren Traditionen, alle die Welt bedrohenden Probleme schließlich lösen kann.

Die Zeit des großen Sponsorings ist angebrochen und wird uns alle auf dem Weg in diese hoffnungsvolle Zukunft begleiten. Nun zur globalen Auswirkung des großen Sponsorings. Daß wir heute in einer globalen Zivilisation leben, bestreitet wohl niemand mehr ernsthaft. Insbesondere die Konsumenten der Industrieländer haben auf vielen Reisen Länder und Völker anderer Kontinente kennengelernt. Dabei entdecken sie nicht nur in den von ihnen benutzten Hotels, sondern auch auf den Straßen und Plätzen, auf Märkten und in Shopping-Centers viele Waren und Güter des täglichen Bedarfs, vom Plastiksieb bis zum Radiorecorder, von den Turnschuhen bis zum Videogerät, vom Butangasherd über die Waschmaschine bis zum Kühlschrank, vom Fahrrad bis zum Lastwagen, alles Produkte der modernen Massenkonsum- und Produktionsgesellschaft, die in diesen Ländern genauso gehandelt werden wie bei uns. Zugegeben oft in Billigausführungen oder, wenn in besserer Qualität, nur für kleinere Schichten der Bevölkerung erschwinglich als bei uns. Trotzdem, der technische Fortschritt hat in allen Ländern seinen Siegeszug angetreten. Er manifestiert sich auch durch Radio und Fernsehen, die sowohl in Asien wie in Afrika und Südamerika bereits den Alltag der Mehrheit der Bevölkerung begleiten. Der Austausch der Informationen läuft also bereits heute global ab und prägt mehr und mehr eine Weltsicht auch der Menschen, die sich große Fernreisen noch nicht leisten können.

Der technische Fortschritt hat in allen Ländern seinen Siegeszug angetreten.

Somit sind auch die Voraussetzungen für das große Sponsoring von Unternehmen geschaffen, die auf vielen, wenn nicht auf allen Märkten tätig sein wollen. Wie dies im Hinblick auf die Bevölkerungsentwicklung und die partiell auch rasche wirtschaftliche Leistungssteigerung dieser Länder, wie zum Beispiel zurzeit in Südostasien, festzustellen ist.
Nicht nur werden Gratisreisen, Wettbewerbsgewinne oder massenhaft Gruppenreisen zu Spezialkonditionen von den Industrieländern in diese Entwicklungsregionen stattfinden, sondern in naher Zukunft auch umgekehrt.
Die ersten Schritte dazu sind bei Großveranstaltungen, die weltweit auch am Fernsehen übertragen werden, wie Olympiaden oder Weltmeisterschaften, bereits in Angriff genommen worden.
Ein Beispiel, wieweit Sponsoring, um auch Menschen tatsächlich über Kontinente zusammenzuführen, vor sich gehen kann, möchte ich stellvertretend für viele andere kurz erläutern. Die bereits erwähnte Großbank, die mit dem nationalen Fußballverband einen Sponsorenvertrag in Millionenhöhe abschloß, nahm die letzte Fußballweltmeisterschaft in den USA zum Anlaß, den ganz großen Auftritt zu proben.

Sponsoring kann Menschen tatsächlich über Kontinente zusammenführen.

Ich selbst folgte damals bei einer Präsentation für Werbefachleute und Medienvertreter den Ausführungen des verantwortlichen Chefs für das Sponsoring dieser Bank, der mit berechtigtem Stolz den Werdegang und das Konzept dieser beispielhaften Promotion vorstellte, welche als zukunftsweisendes Sponsoring alle Elemente der Sportförderung, der Werbung, der Public

Relations und Event-Marketings in sich vereinigte. Ich verlasse mich nun auf mein Gedächtnis und gebe demnach nur das Wesentliche dieses interessanten Konzeptes wieder.
Zum ersten wurden dem Fußballverband Gelder zur Verfügung gestellt, die in detaillierten Verhandlungen vielen, genau definierten Bedürfnissen zugute kommen werden. So, wie schon erwähnt, zum Beispiel der Nachwuchsförderung. Zum zweiten setzte eine große Werbekampagnie mit Fernsehbeiträgen und ganzseitigen Inseraten in Zeitschriften und Tageszeitungen ein mit dem Ziel, die Öffentlichkeit auf die bevorstehende Weltmeisterschaft zu stimulieren und der eigenen Nationalmannschaft Kraft, Mut und Zuversicht mitzugeben.
Diese Kampagne, so war es jedenfalls geplant, sollte die Nationalmannschaft auch während der ganzen Fußballweltmeisterschaft begleiten. Es erschienen Inserate beim Abflug mit den herzlichsten Glückwünschen, aber es waren auch Inserate für jede Stufe des Erfolges bei der Weltmeisterschaft vorbereitet, zur Vorrunde also, zum Achtelfinal, zum Viertelfinal und so weiter. Das bedeutete, daß viele Sujets, die ja landesweit eingeschaltet wurden, je nach Entwicklung an der Weltmeisterschaft in zwei Varianten vorbereitet werden mußten.

Diese Kampagne sollte die Nationalmannschaft während der ganzen Fußballweltmeisterschaft begleiten.

Zum dritten wurde in den USA ein eigenes Fernseh- und Pressestudio eingerichtet, das die laufenden Berichte, Reportagen und Interviews in die Heimat vermittelte. Der Arm der Public Relations kam somit voll zum Tragen.

Das Interessanteste aber an dieser Promotion war der vierte Akt. Über alle Bankfilialen wurden nämlich wichtige Kunden, aber auch «normale» Kontoinhaber eingeladen, an den verschiedensten Fußballmatches in den USA teilzunehmen, zum Teil gratis, zumindest aber sehr verbilligt, wobei es sich von selbst verstand, daß die Bank die Betreuung, die Organisation der Eintrittskarten, Hotels und so weiter übernahm. Das heißt, Tausende vom Menschen flogen in die Vereinigten Staaten, besuchten die verschiedenen Matches und begegneten somit nicht nur dem Gastgeberland, sondern auch den vielen Fans aus anderen Ländern beziehungsweise aus denjenigen Ländern, gegen deren Mannschaft die eigene antreten mußte.

Wenn wir nun rückblickend den Gedanken der Zusatzleistungen der Werbung weiter verfolgen, so erkennen wir, daß über die Stufe des Sponsorings diese Zusatzleistung tatsächlich zur Wirklichkeit werden kann. Nicht nur eine Sportart wurde gefördert, nicht nur die Öffentlichkeit einer Nation wurde folglich über den Sport zum friedlichen Wettstreit motiviert, sondern Tausenden von Menschen wurden Erlebnisse und Begegnungen ermöglicht, wie sie sie ohne dieses Sponsoring entweder nicht hätten haben können oder gar nicht auf die Idee gekommen wären, sie zu wollen. Zu folgern bleibt, daß mit dem großen Sponsoring die Wirtschaft beginnt, sich in das allgemeine gesellschaftliche Leben zu integrieren und über die eigenen spezifischen Unternehmensziele hinaus autonome Beiträge zur Entwicklung einer globalen, friedlicheren Welt zu leisten.

Public Relations im Aufbruch

Unter Public Relations versteht man die Pflege der Beziehungen zur Öffentlichkeit. Ein Unternehmen oder eine Behörde definiert dafür alle Aktivitäten und Maßnahmen, die ihr allgemeines Ansehen in der Öffentlichkeit stärken, mehr Transparenz über ihr Tun und Lassen schaffen und ihre Glaubwürdigkeit erhöhen.

Nun gibt es bekanntlich viele Kreise der Öffentlichkeit, die mittels Public Relations anzusprechen sind und mit welchen auf verschiedenen Stufen und mit verschiedenen Mitteln zu kommunizieren ist.

Jeder öffentliche Auftritt ist Public Relations.

Jeder öffentliche Auftritt, sei es eine Ansprache an die Aktionäre einer Generalversammlung, sei es die spontane Beantwortung der Fragen von neugierigen Medienleuten oder sei es die Herausgabe eines Jahresberichtes oder die Abgabe eines Pressetextes – immer betreibt man Public Relations.

Die Vielfalt der Aktivitäten, die Public Relations verlangen, stellt nun die Verantwortlichen der Unternehmen und Behörden bereits vor ein großes Problem. Wie sage ich es und was sage ich ist schon einmal die erste Frage, die bereits eine unausgesprochene Zensur im Kopf aufdrängt.

Die Öffentlichkeit ist neugierig und verlangt nach Wahrheit. Dabei können doch bekanntlich auch Wahrheiten verschieden interpretiert werden und je nachdem, was

nicht gesagt wird, zu Mißverständnissen führen. Dazu kommt, daß die verschiedenen Repräsentanten eines Unternehmens oder einer Behörde nicht über dieselbe Gabe des Sprechens verfügen und nicht immer die gewünschte Glaubwürdigkeit ausstrahlen.
Also wird nach einer Sprachregelung gerufen, und in die Zusammenarbeit mit PR-Beratern werden Leitsätze, Richtlinien und Leitbilder verfaßt, in dessen Rahmen sich dann die verschiedenen Repräsentanten bei öffentlichen Auftritten oder Kontakten mit Medienleuten bewegen sollen.
Zudem werden Manager, Kader- und Spitzenleute, die gewohnt sind, schnell und präzise zu wirken und zu arbeiten und die sich auch aus hierarchischen Gründen eine gewisse Strenge in ihrem Habitus angewöhnt haben, oder höhere Beamte, die davon geprägt sind, mehr zu wissen, als sie sagen, in Seminarien und Schulungskurse geschickt, um zu lernen und zu üben, sich locker zu verhalten, nett, freundlich und unbelastet aufzutreten und konkrete Aussagen zu formulieren, die verständlich und glaubwürdig sind, auch wenn sie oft zu verdecken haben, was nicht gesagt wird. Die Schulung der Exponenten ist verständlich, da die Public Relations im allgemeinen Sinne vorerst einmal an Personen gebunden sind.
Der konkrete Alltag eines PR-Beraters oder -Verantwortlichen besteht nun vor allem darin, Pressetexte zu verfassen und zu versenden. Der wichtigste Aspekt der Public Relations ist nämlich mehr und mehr die Betreuung der Medien. An die verschiedenen Kreise der integralen Öffentlichkeit gelangt man bekanntlich viel wirksamer und umfassender über Presse, Funk und Fernsehen. Durch den rasanten Ausbau der elektronischen Medien in den lokalen und regionalen

Bereichen und durch die Privatisierung der elektronischen Medien gewinnen diese Kontakte noch mehr an Bedeutung. Immer mehr kleinere Firmen, Vereine, Veranstalter und Behörden werden mit diesen konfrontiert und veranlasst, sich mit den Public Relations auseinanderzusetzen.
Die Schwierigkeit liegt nun darin, eigene Interessen an den Mann beziehungsweise an die Journalisten zu bringen und diese Interessen so zu selektionieren und zu formulieren, daß sie mit öffentlichem Interesse in Einklang zu bringen sind. Denn die Medien wollen das vermitteln, was ihre Leser, Hörer oder Zuschauer interessiert. Diese Denk- und Übersetzungsarbeit zu leisten, ist nun der Auftrag der PR-Fachleute. Manager, Organisatoren, Verwalter und Beamte sind nicht immer für diese Übermittlungsarbeit begabt, betrachten diese Dinge oft aus einem zu engen und zu naheliegenden Blickwinkel oder haben ganz einfach nicht die Zeit, den nötigen Abstand zu nehmen, um diese geistig anspruchsvolle und sensible Mittlerarbeit zu leisten und in mündlichen oder schriftlichen Verlautbarungen den richtigen Ton zu treffen.

Die Medien wollen vermitteln, was ihre Leser, Hörer oder Zuschauer interessiert.

Wie man Public-Relations gestaltet, und wie man eine maximale Auswirkung erreichen kann, zeigt das folgende einfache, aber sehr positive Beispiel. Es liegt zwar einige Jahre zurück, hat aber vom Konzeptionellen her betrachtet nicht an Bedeutung verloren.
Das Hilton-Hotel in Zürich führte zur Belebung seines Sommergeschäftes ein Grill-Festival in seinen Restaurants und auf den Terrassen durch. Es gab große Tischgrille, und die Idee war, daß die Gäste aus einer großen

Auswahl an Fleisch, Geflügel und Fischen ihre Grilladen auswählen und an den Tischgrills selber grillieren. Das Personal sollte nur die Zutaten bereitstellen, die Beilagen schöpfen und abservieren. Im weiteren sollte es für eventuelle Fragen zur Verfügung stehen.

Natürlich war eine Presseeinladung vorgesehen in der berechtigten Hoffnung, daß dann die lokale Presse und eventuell auch noch einige größere regionale Blätter mit einem kurzen Text und unter Umständen mit einer Photo darüber berichten werden. Eine übliche, ganz normale Aktion.

Der PR-Berater überlegte sich, inwiefern das Interesse des Hotels, nämlich das Sommergeschäft zu beleben, mit einem öffentlichen Interesse in Übereinstimmung gebracht werden kann. Er kam zum Schluß, daß über den Sommer auf vielen Terrassen und in vielen Gärten von Einfamilien- oder Mehrfamilienhäusern die Leute gerne grillieren. Doch wie bereitet man die Grilladen vor, wie würzt man sie und auf welche Art und Weise grilliert man sie, damit die gewünschte Qualität, auch in bezug auf den Geschmack, erreicht werden kann? Wie grilliert man ein Steak richtig, ein Trutenschnitzel oder einen Fisch? Oder gar Meeresfrüchte? Dies zu lernen und mit einem vergnüglichen Abend zu verbinden, müßte doch in einem größeren öffentlichen Interesse liegen, war seine Schlußfolgerung, und er schlug vor, das Personal an den Grilltischen zu verstärken und die Aktion unter das Motto zu stellen, daß man bei Hilton lernen kann, richtig zu grillieren.

Man erkennt die Rückkoppelung auf die Produktgestaltung.

Man erkennt sofort wieder die Rückkoppelung auf die Produktgestaltung durch die Überlegung, wie man dieses Produkt beziehungsweise diese Veranstaltung öffentlich mehr publik machen kann. Die Aktion wurde wie vorgeschlagen durchgeführt und kommuniziert, der Pressetext entsprechend verfaßt und die Pressebilder photographiert. Und siehe da, tatsächlich erschienen nicht nur in den lokalen und regionalen Zeitungen Berichte, wie zum Beispiel im St. Galler Tagblatt unter dem rotgedruckten Titel «Hilton macht's möglich».

Der Erfolg dieser Public Relations beweist eindeutig, daß man von einem öffentlichen Interesse her gedacht hat und diese Aktion für ein öffentliches Interesse umgesetzt hat. Ein gutes, wenn auch einfaches Beispiel für gekonnte Public Relations, das das Wesentliche und den Kern eines Public-Relations-Auftrages zu erfüllen vermochte.

Dem gegenüber betrachten wir nun ein negatives Beispiel in bezug auf die Public Relations, stellvertretend für viele, die leider immer noch zu oft vorkommen. Es zeigt, wie trotz guten Absichten der Veranstalter und sogar trotz der Tatsache, daß an diesem Beispiel das Thema der Veranstaltung an sich schon im öffentlichen Interesse lag, die Umsetzung für die Public Relations nicht verstanden worden ist.

Es zeigt, wie trotz guten Absichten die Umsetzung für die Public Relations nicht verstanden worden ist.

In einer größeren Stadt wurde von den Behörden, in diesem Falle vom Vorsteher der Industriellen Betriebe und vom Elektrizitätswerk, zu einer Pressekonferenz eingeladen, um über die Eröffnung einer an sich hochinteressanten Ausstellung über die Möglichkeiten des Stromsparens zu berichten. An dieser Ausstellung wurden technische Geräte, vor allem für Büro und Haus-

halt, vorgestellt, die entwickelt worden sind, um bei gleicher Leistung weniger Strom zu beanspruchen. Auch konnte das Publikum erfahren, welche technischen Geräte, wie zum Beispiel ein Geschirrspüler, Stromfresser sind und welche nicht.
Wie teilt sich der Stromverbrauch in einem normalen Haushalt auf, spart man Strom, indem man ständig das Licht in einem Zimmer löscht oder indem man auf eine elektrische Zusatzheizung verzichtet? Dieselben Fragen wurden auch in bezug auf die Büros behandelt: Sollte man einen Kopierer nur bei Gebrauch einschalten oder auf einer Sparstufe ständig unter Strom halten. Viele Fragen, die von großem öffentlichem Interesse waren, wurden an dieser Ausstellung anhand vieler Beispiele einfach und einleuchtend beantwortet. Eine gute Sache also.

Man folgte dem hierarchischen Prinzip der verschiedenen Veranstalter.

Die Pressekonferenz wurde demnach auch gut besucht, und doch wurden nur wenige Berichte darüber veröffentlicht. Was war geschehen? Da an dieser Ausstellung nicht nur die zuständigen Behörden, sondern auch Unternehmen und eine übergeordnete Regierungsbehörde aus dem Ministerium für Energie beteiligt waren, folgte man dem hierarchischen Prinzip der verschiedenen Veranstalter und präsentierte eine Reihe von Referenten, die in längeren oder kürzeren Reden, alle schriftlich vorbereitet, über ihre Interessen und ihre Standpunkte in bezug auf das Stromsparen referierten. Einmal sprach der Direktor des Elektrizitätswerkes der Stadt, dann der Verantwortliche für die Ausstellung, dann der Vertreter einer Großbank, bei der ein Stromsparprojekt in den Büros bereits in die Tat

umgesetzt worden war, dann eine Vertreterin der übergeordneten Regierungsstelle über die Programme des Energiesparens im landesweiten Sinne und schließlich natürlich der Vorsteher der Industriellen Betriebe dieser Stadt.
Alle Reden wurden in einer Pressemappe ungekürzt und schriftlich abgegeben, begleitet von einem kurzen Pressetext, in dem die wesentlichen Intensionen dieser Ansprachen nicht oder nur marginal eingeflochten waren, in der Meinung, daß ja dann die Journalisten aus den Reden die sie interessierenden Aspekte herausnehmen könnten. Die Pressekonferenz dauerte lange und wirkte etwas ermüdend, da alle Reden von den Manuskripten abgelesen wurden und mit Ausnahme jener des Vorstehers der Industriellen Betriebe, der frei sprach, jeglicher Spontaneität entbehrten. Am Schluß wurden die Journalisten gebeten, Fragen zu stellen. Diese waren aber nicht gekommen, um an einem Kurs über Stromsparen teilzunehmen, sondern über eine eben erst eröffnete Ausstellung kurz zu berichten.
Es gab nur zwei Fragen. Die eine kam von einem Fachjournalisten, der sich über die politischen Hintergründe bei der Gestaltung der Strompreise erkundigte. Eine Frage also, die wenig mit dem präsentierten Thema zu tun hatte. Der zweite Fragesteller erkundigte sich, nach Durchsicht der vielen Blätter, die vor ihm auf dem Tische lagen, zu welchen Zeiten denn die Ausstellung nun eigentlich geöffnet sei. Mit Erschrecken mußten die Verantwortlichen feststellen, daß weder im kurzen Pressetext noch in all den Reden, noch im beigelegten Prospekt die Öffnungszeiten enthalten waren. Die Frage wurde natürlich sofort beantwortet, und in der Folge erhielten alle Medien, die nicht an der

Was fehlte, war ein Pressetext, der die wesentlichen Botschaften formulierte.

Pressekonferenz teilnahmen, eine Pressemitteilung, um diese Öffnungszeiten nachzureichen.
Was bei diesen Unterlagen fehlte, war ein Pressetext, der die wesentlichen Botschaften verständlich formuliert enthielt und alle die Öffentlichkeit interessierenden Angaben vollständig wiedergab.
Vollbeladen mit viel Papier eilten die Journalisten wieder in ihre Redaktionen, wohl wissend, daß sie kaum die Zeit haben werden, sämtliche Reden nochmals durchzulesen und aus den verschiedenen Äußerungen einen interessanten und kurzen Bericht zu verfassen. Resultat: Es erschienen unvollständige oder gar keine Berichte.
Zusammengefaßt könnte man dieses Beispiel, das man wie gesagt in anderen Zusammenhängen immer wieder erlebt, den Schluß ziehen, daß das konkrete öffentliche Interesse an dieser Veranstaltung von den Verantwortlichen nicht erkannt worden ist. Dieses lag nämlich darin zu erfahren, daß überhaupt eine solche Ausstellung zum ersten Mal durchgeführt wird, welche von kompetenten Fachleuten aus verschiedenen Richtungen zusammengestellt worden ist und daß man bei ihr lernen kann, im Büro oder Haushalt Strom zu sparen, um einen persönlichen Nutzen zu ziehen.
Die weiteren Interessen und Visionen der beteiligten Behörden, ministerialen Amtsstellen und Unternehmen können in diesem Zusammenhang nicht vollständig oder noch nicht kommuniziert werden. Vertiefende Artikel oder Interviews, die dann auf Grund des Erfolges der Ausstellung in den verschiedenen Medien

gezielt angeboten werden können oder von diesen selbst sogar nachgefragt werden, lägen dann in der nächsten Stufe der aus diesem Anlaß zu entwickelnden Public-Relations-Aktivitäten.
Bei vielen Auftritten und Pressekonferenzen werden die Medienvertreter oft mit Bergen von Papier «totgeschlagen», was ihnen zum vornherein schon die Lust nimmt, die zeitaufwendige Selektionsarbeit zu leisten. Wer also den Medien etwas sagen will, der soll es bitte mediengerecht aufarbeiten und sich die Botschaft genau überlegen, die den Medien zuzumuten ist, um sie der Öffentlichkeit weiterzuleiten.
Public-Relations-Arbeit ist heute im Grunde genommen Medienarbeit. Und die PR-Fachleute sind da, um die Brücke zwischen Auftraggeber und Öffentlichkeit herzustellen. Auf hierarchische Interessen und Überlegungen, nämlich, daß wenn ein Vertreter einer Gruppe spricht sämtliche anderen Vertreter der beteiligten Gruppen ebenfalls sprechen müssen, ist tunlichst zu verzichten.
Es geht bekanntlich immer um die Sache und nicht um die Profilierung einzelner Exponenten. Eine Profilierung, die zudem dann doch nicht zum Tragen kommt, weil bei solchen überladenen Auftritten über die einzelnen Exponenten nicht berichtet werden kann. Auch ist es psychologisch ungeschickt, zuviel zu verpacken, weil es dann spürbar wird, daß, wie in diesem Falle, Einzelinteressen über die Sache gestellt werden.
Das Credo der Public Relations lautet demnach, eine Botschaft zu vermitteln, die den öffentlichen Interessen möglichst nahekommt oder, noch besser und kürzer gesagt, die letztlich dem öffentlichen Interesse dient.
Public Relations im Aufbruch heißt dieses Kapitel, weil damit zum Ausdruck gebracht werden soll, daß wir uns

Das Credo der Public Relations lautet, dem öffentlichen Interesse zu dienen.

in schnellen Schritten immer mehr zu einer alle Bereiche des Lebens erfassenden Kommunikationsgesellschaft hinbewegen.

Die Teilnahme der Leser, Hörer und Zuschauer an den Medien nimmt zu. Bei Diskussionssendungen kann sich das Publikum direkt einschalten. Aber auch die Öffnung der Medien in den lokalen Bereichen für Aktivitäten kleinerer Vereine, Firmen oder Gruppen wird immer größer und integriert immer mehr Menschen in das über die Medien vermittelte öffentliche Leben. Das heißt, immer mehr Menschen beginnen, bewußt oder unbewußt, sich der Public Relations zu bedienen. Darum ist es wichtig, ihnen den Sinn und den Zweck der Public Relations nahezubringen. Es gilt zu lernen, die eigenen Interessen so weit zurückzustellen, daß diese mit öffentlichen Anliegen in Werbeeinstimmung gebracht werden können. Auch dann, wenn es um begrenzte Anliegen nur bestimmter Gruppen oder Kreise der Gesellschaft geht.

Es gilt zu verdeutlichen, daß die Public Relations wirksam genutzt werden können, wenn die vermittelten Botschaften mehr Transparenz schaffen und der Wahrheitsfindung dienen. Die jedem Menschen angeborene Freude, öffentlich aufzutreten oder gar in den Medien zu erscheinen, ist verständlich und hilft sogar, das Verständnis für die Public Relations zu fördern. Insbesondere dann, wenn man an den Reaktionen der Mitmenschen erkennen kann, ob es gelungen ist, die in dieser Freude immer mitjubilierende Eitelkeit zurückzustellen und zu bändigen.

Public Relations im Auftrag der Politik

Apropos Zurückstellen der nur allzumenschlichen Eitelkeit, wenn es um die Pflege der Beziehungen zur Öffentlichkeit geht, sollte man noch eine wichtige Sparte der Public Relations beachten, die als solche von großer Bedeutung ist. Nämlich die Public Relations in politischen Angelegenheiten. Die heutige Medienvielfalt nimmt bekanntlich politische Abläufe und Willensbildungen immer stärker in den Bannkreis der Journalisten, Präsentatoren und Moderatoren, die ihrerseits in Versuchung geraten, Politiker aller Rangstufen nun selbst politisch zu behandeln und zu selektionieren. Die Politiker wiederum sind sich dieser Zusammenhänge wohl bewußt und beginnen, sich mediengerecht zu organisieren, indem sie sich vermehrt von PR-Spezialisten beraten lassen und in der Folge gewollt oder ungewollt mediengerecht verhalten.

Hin und her gerissen zwischen politischem Auftrag, Wahlversprechen und den Ansprüchen ihrer Wähler einerseits und der Chance, über die Medien laufend präsent zu sein und weitere Öffentlichkeitskreise zu erreichen andererseits, beginnen sie ihre politischen Grundsätze zugunsten von populistischen Umsetzungen zu opfern oder zumindest stark zu verwässern. Die Gefahr ist nun, daß Politiker, sind sie nun Parteiführer, Parlamentarier oder Minister, zu eigentlichen «Mit-

Die Gefahr ist, daß Politiker zu «Mitarbeitern» der Medien werden.

arbeitern» der Medien werden und von diesen ebenso gewollt oder ungewollt zur Anreicherung von Show- und Unterhaltungssendungen benutzt werden.
Mit anderen Worten, die Politik gerät in Gefahr, auf die Stufe der Unterhaltung abzusinken, und die Politiker finden sich wieder im Kreise von Unterhaltungskünstlern, Show-Leuten und Kabarettisten.
Bereits beginnt man von einer «Mediakratie», also einer Medien-Demokratie zu sprechen, die sich bald in eine Medien-Diktatur wandeln könnte. Angesichts dieser Tendenzen kann man den Politikern nur raten, sich ihrer eigentlichen Aufgabe bewußt zu bleiben, nämlich die Medien politisch zu bewerten, aber auch die politische Verantwortung für die öffentlich-rechtlichen Medien zu wahren.

Bereits beginnt man von einer Medien-Demokratie zu sprechen.

Die Politiker sollten nicht vergessen, daß nicht die Quantität, sondern die Qualität ihrer politischen Medienauftritte zählt und auch weiterhin zählen soll.
Den Medien wiederum ist zu empfehlen, ihre neutrale und objektive Haltung zu hüten wie den Augapfel und darauf zu verzichten, ständig ihre «Lieblinge» zu präsentieren, nur weil diese besser sprechen können oder attraktiver vorzuführen sind.
Daß Moderatoren keine Politiker sind, sondern Hinterfrager der Politik, weiß man schon lange. Von den Wählern wird dies jeweils spätestens dann bestätigt, wenn politische Parteien mangels besserer Kandidaten populäre Radio- oder Fernsehleute für politische Mandate aufstellen und in den Wahlkampf schicken.
Sie werden mit wenigen Ausnahmen allesamt nicht gewählt, und zwar aus dem einfachen Grunde, weil sie

keine Politiker sind. Und sollten sie es dennoch mit viel Aufwand und Glück schaffen, werden sie bald resignieren und sich wieder ihrer ursprünglichen Aufgabe zuwenden. Medien und Politik sind Partner, die sich ergänzen und nicht beliebig auswechseln lassen.

Die Public Relations kann für die Politik von großem Nutzen sein.

Zum Schluß dieses Kapitels möchte ich noch ein Beispiel aufführen, das uns beweist, daß die Arbeit der Public Relations, also der kreativen Denker, für die Politik selbst durchaus von großem Nutzen sein kann. Ein Beispiel, das Schule machte und vom Grundsatz her hoffentlich auch weiterhin Schule machen wird. Vom Grundsatz nämlich, daß man trotz Wahrung lobenswerter Prinzipien den politischen Gegner so ansprechen kann, daß dieser sich auch verstanden fühlt und seine Haltung neu zu überdenken beginnt.

Im Jahre 1966 konnte im Kanton Basel-Stadt mittels einer Männerabstimmung das Frauenstimmrecht eingeführt werden. Als erster Kanton der deutschsprachigen Schweiz hatte somit Basel den Durchbruch für die Einführung des Frauenstimmrechts geschafft. Ein Durchbruch, der nicht erwartet worden ist und dann auch entsprechend triumphal gefeiert werden konnte. Die Ausgangslage sah nämlich nicht sehr rosig aus. Im progressiven Kanton Basel-Stadt gab es seit Jahrzehnten keine einzige politische Partei, von links bis rechts, die gegen das Frauenstimmrecht gewesen wäre. Trotzdem wurde diese Vorlage an mehreren Abstimmungen, die alle paar Jahre wiederholt wurden, jeweils mit großem Mehr abgelehnt. Das heißt, die Mehrheit der Wähler ließen in dieser Frage ihre eigenen Parteien im Stich. Bei der letzten vorgängigen Niederlage aller im

Parlament und in der Kantonsregierung vertretenen Parteien, so darf man das wohl bezeichnen, stimmten 20000 Männer für die Einführung des Frauenstimmrechts und 38000 dagegen.

Trotz eines engagierten Abstimmungskampfes und Fackelumzügen der Frauenstimmrechtsverbände, die es damals noch gab, folgte das niederschmetternde Resultat. Zur Ehrenrettung der Schweiz sei in diesem Zusammenhang noch erwähnt, daß in der Schweiz die Einführung des Frauenstimmrechts Änderungen der Bundes- und Kantonsverfassungen voraussetzte, welche im Gegensatz zu allen anderen europäischen Ländern nur von den Stimmbürgern (also den Männern) selber beschlossen werden konnten. Hatte die Schweiz doch schon seit 1848 das allgemeine Stimm- und Wahlrecht für Männer mit dem zusätzlichen Instrument der direkten Demokratie, dem Recht auf Initiative und auf Referendum, eingeführt, mit welchem auch kleinere Gruppen Beschlüsse des Parlamentes oder der Regierung immer wieder zur Volksabstimmung bringen können. Die Parlamente waren natürlich verfassungsrechtlich nicht in der Lage, in der Frage des Frauenstimmrechts die Rechte der Männer ganz einfach außer Kraft zu setzen. In allen anderen Ländern wurde das Frauenstimmrecht spätestens nach dem Ersten oder Zweiten Weltkrieg mittels Parlaments- oder Regierungsbeschlüssen eingeführt. Die Wähler wurden nie gefragt. Kein Vorwurf, aber eine Tatsache, die man bei der Beurteilung der Einführung des Frauenstimmrechtes in der Schweiz mit einbeziehen muß.

Trotz Fackelumzügen der Frauen folgte das niederschmetternde Resultat.

Nun zurück zu Basel. Im Vorfeld der zu bestimmenden Kampagne für die Abstimmung im Jahre 1966 geschah der Zufall, daß das von allen Parteien unterstützte Komitee zur Führung dieser Kampagne einen Public-Relations-Berater aus Zürich beauftragte, die Kampagne zu konzipieren.
Dieses überparteiliche Komitee schätzte nämlich die Chancen für diese Abstimmung nicht besonders günstig ein, arbeitete eher lustlos und leicht resigniert, was wiederum die beste Voraussetzung dafür war, den Vorschlägen des PR-Spezialisten Gehör zu schenken. Dieser legte nun ein Konzept mit folgenden Inhalten vor:

1. Die ganze Kampagne habe sich nur auf die neinstimmenden Männer zu konzentrieren, da die jastimmenden Männer als überzeugte und politisch bewußte Bürger sowieso wieder brav ihr Ja einlegen würden.

2. Das Wort Frauenstimmrecht sei nirgendwo mehr zu verwenden, da dieser Begriff in einem Männerstimmrechtsstaat von den neinstimmenden Männern als Frauenbestimmungsrecht mißverstanden würde. Die Kampagne sei, so schlug das Konzept vor, unter dem Titel «Stimmrecht für Mann und Frau – ja» zu führen. Damit sähen sich die neinstimmenden Männer gezwungen, ebenfalls gegen ihr eigenes Stimmrecht zu votieren. Im weiteren würde ihnen bewußt, daß es nicht um das «Frauenstimmrecht», sondern um das allgemeine Stimm- und Wahlrecht für alle gehe.

Das Wort Frauenstimmrecht sei nirgendwo mehr zu verwenden.

3. Die Kampagne sei nicht mit politischen Argumenten zu führen, da, wie schon gesagt, die jastimmenden Männer nicht mehr überzeugt werden müssen und die neinstimmenden mit diesen Argumenten nicht erreicht werden können. Demnach gelte es zu analysieren, aus welchen Motiven die Mehrheit der neinstimmenden Männer handeln.

Das Konzept teilte die Neinstimmenden in drei Gruppen auf, in die Gruppen A, B und C, und stellte folgende Analyse auf: Die Gruppe A beinhalte höchstens fünf Prozent der neinstimmenden Männer. Dies seien jedoch die Leute, die im Abstimmungskampf aktiv werden, alle möglichen Komitees gründen und in der Presse Inserate einschalten. Das Konzept bezeichnete diese Gruppe als Edelritterromantiker, Ewiggestrige und zum Teil auch als Träger verdrängter faschistischer Ideologien. Diese schalteten früher zum Beispiel Inserate ein unter dem Titel «Die Frau gehört nicht in den Schmutz der Politik». Die Befürworter antworteten damals zum Beispiel mit «Die Politik ist nur so schmutzig, wie deren Träger es sind». Das Konzept besagte nun, daß auf jegliche Äußerungen und Angriffe der Gruppe A überhaupt nicht einzugehen sei. Diese kleine Gruppe gelte es zu ignorieren. Indem man ihre monströsen Attacken beantworte, gäbe man ihr erst die richtige gesellschaftspolitische Bedeutung.

Das Konzept schlug vor, die Kampagne nicht mit politischen Argumenten zu führen.

Da hingegen sei die Gruppe B, die zirka 50 Prozent der neinstimmenden Männer umfasse, von allergrößter Bedeutung. Es handle sich dabei um Männer, gute

Bürger verschiedener sozialer Schichten, die das Problem des Frauenstimmrechts mit ihrem persönlichen Problem zum anderen Geschlecht verwechseln. Und schließlich wäre da noch die Gruppe C, zirka 45 Prozent der Neinstimmenden, die Hilfsarbeiter beziehungsweise die sozial zu kurz gekommenen Männer, die ähnlich wie früher beim Rassenproblem in den Vereinigten Staaten glaubten, solange die Frauen kein Stimm- und Wahlrecht hätten, seien sie nicht die letzten auf der sozialen Stufenleiter. Sie verwechseln ein allgemeines politisches Problem mit ihrem sozialen Status.

Das Konzept schlug deshalb vor, die ganze Kampagne nicht mit politischen Argumenten zu führen, sondern mit bildlichen und textlichen Darstellungen und Formulierungen, die auf die emotionalen Probleme der Gruppen B und C direkt eingingen.

So wurde ein Plakat gestaltet, abgebildet mit einem populären Kabarettisten, der einen riesigen Rosenstrauss in den Händen trug, etwas ironisch lächelte und sagte: «Als Gentleman bin ich dafür.» Darunter der Titel «Stimmrecht für Mann und Frau – ja» sowie ein kleines lokales Kompliment «Basel geht voran», also das Sujet für die Gruppe B.

«Stimmrecht für Mann und Frau – ja» «Basel geht voran».

Eine Abstimmungsbroschüre, verteilt in alle Haushaltungen, zeigte auf der Frontseite ein junges Ehepaar, verbunden durch eine große Rose, und auf den folgenden Seiten in Form einer Reportage den Tagesablauf dieses Paares im Sinne der Partnerschaft der Geschlechter im Leben. Also eine Ansprache an die Gruppen B und C, die besagte: «Vergesse nicht, daß deine Frau in allen Belangen der Familie, der Freizeit, der Arbeit und auch des sozialen Lebens deine Partnerin ist.» Immer noch kein einziges politisches Argument. Nur auf der Innenseite war ein wunderschönes Alpenpanorama abgebildet, darüber gesetzt der einzige politische Titel: «Im freien Land gleiche Rechte für Mann und Frau.» Es folgte eine Auflistung aller Namen und Persönlichkeiten, die das Komitee unterstützen, und immer wieder der Hinweis auf den Titel der Kampagne. Auf der Schlußseite war ein Bauarbeiter mit einem Vorgesetzten abgebildet, bestückt mit Helmen, Pfeife im Mund und im ernsten Gespräch versunken, direkt die Gruppe C ansprechend, bedenkend, daß ihr geschätzter sozialer Status nicht von einer politischen Frage, nämlich der Einführung des allgemeinen Stimm- und Wahlrechts, abhängig sei.

Weiter verlangte der PR-Berater, von den Frauenstimmrechtsverbänden sei zu wünschen, daß sie auf jegliche Aktivitäten, vor allem auf die Fackelumzüge, verzichten sollten. Diese würden nämlich nur wieder die Gruppen B und C verunsichern und sie in ihre Trotzhaltung zurückdrängen. Nach längeren Verhandlungen erklärten sich schließlich auch die Frauenstimmrechtsverbände mit diesem Vorschlag einverstanden, sehr wahrscheinlich in der Meinung, daß die Niederlage nun noch größer ausfallen werde und somit ihre Stellung bei den Behörden wieder um so mehr gestärkt werden würde.

Der PR-Berater verlangte, auf die Fackelumzüge zu verzichten.

Das Konzept besagte zum Schluß, daß es natürlich nicht gelingen würde, die neinstimmenden Männer nun zu einem Ja zu bewegen, aber es würde sehr wahrscheinlich gelingen, einen großen Teil der Nein-

stimmenden so zu verunsichern, da sie sich nämlich zu erstem Mal direkt angesprochen fühlten und auch etwas ertappt fühlten, da ihre Motive offenbar erkannt worden sind, daß sie ganz einfach nicht an die Urne gehen würden.
Das Konzept sagte, die Neinstimmenden werden zum großen Teil nicht abstimmen gehen, es werde eine schlechte Wahlbeteiligung geben. Da aber die jastimmenden Männer selbstverständlich ihre Stimmpflicht erfüllen würden, könne mit einer Annahme der Vorlage gerechnet werden.
Niemand glaubte ernsthaft an diese Prognose. Dennoch wurde die Kampagne konzeptgetreu durchgeführt. Auf die Attacken der Gruppe A wurde überhaupt nicht reagiert. Und siehe da: Der Durchbruch wurde geschafft.
«Triumph in Basel», lauteten die Schlagzeilen der Presse. Tatsächlich stimmten 20000 Männer ja und 15000 Männer nein. Die Stimmbeteiligung war massiv tiefer als bei den vorausgegangenen Abstimmungen. Es gab ein riesiges Freudenfest in der Mustermesse, alle Politiker, alle Medien waren da, die Präsidentinnen der Frauenstimmrechtsverbände waren begeistert, nur einer fehlte – der PR-Berater.
Verständlicherweise, denn man konnte damals noch nicht zugeben, daß ein kreativer Denker ein politisches Problem zu lösen hatte helfen können.
Das Beispiel zeigt, daß sich die Politiker trotz der Bewahrung löblicher Grundsätze mit Hilfe der Kreativen von überholten Schlagworten und Clichés befreien können und mit Hilfe ihrer Erfahrungen in den Public Relations auch die Bürger besser ansprechen können, die ihre löblichen Grundsätze, oft aus ganz anderen Motiven, ablehnen oder nicht verstehen.

Die neinstimmenden Männer in diesem Beispiel wurden nicht manipuliert, sondern zum ersten Mal ernstgenommen. Das heißt, man versuchte ihre Motive zu erkennen und sie dementsprechend anzusprechen und zu erreichen.

Public Relations für politische Anliegen können von großem Nutzen sein.

Die Public Relations für politische Anliegen sind von größter Bedeutung und können von großem allgemeinem Nutzen sein, wie es das oben aufgeführte Beispiel eindrücklich vor Augen führt.

Ausblick durch das Chaos

Wir stehen heute an der Schwelle zum 21. Jahrhundert. Vor einigen Jahren, mit Beginn der neunziger Jahre, löste sich der Ost-West-Konflikt beinahe lautlos in nichts auf. Der Warschauer Pakt existiert nicht mehr. Ebensowenig die ehemalige Supermacht Sowjetunion mit den von ihr kontrollierten Ländern des «real existierenden Sozialismus» Osteuropas.

Alte Länder, die jahrhundertelang in größere Staatsgebilde eingebunden waren, so zum Beispiel vorerst im imperialen zaristischen Rußland und später in der von einer Staatspartei zentral gelenkten Sowjetunion, wie die Ukraine, Weißrußland, die baltischen Länder und die Länder Kaukasiens und Zentralasiens, wurden selbständig und veränderten die politische Landschaft grundlegend.

Andere, man könnte sagen «Vielvölker»-Nationalstaaten, wie die Tschechoslowakei und Jugoslawien, teilten sich ebenfalls nach ihren ethnischen Regionen auf, die auch in bezug auf die Sprache, auf die Religionen und auf die historischen Entwicklungen schon immer den Wunsch und den Anspruch auf Eigenständigkeit hegten.

So entstanden Tschechien, die Slowakei, Slowenien, Kroatien, Bosnien-Herzegowina, Serbien und Mazedonien. Zum Teil friedlich, zum Teil begleitet von hektisch intensivierten Kriegen und Bürgerkriegen. Parallel dazu verlief und verläuft noch immer die schrittweise oder auch sprungweise Umwandlung dieser von der ehemaligen Supermacht Sowjetunion kontrollierten Länder im Sinne von pluralistischen, demokratischen und marktwirtschaftlich ausgerichteten Gesellschaften. Typisch für diese Umwandlung ist, in diesem Falle wiederum ohne Blutvergießen, die ehemalige DDR, die, getragen vom Willen der Mehrheit ihrer Bürger, mit Hilfe einer frei gewählten Übergangsregierung, brav und ohne Wenn und Aber der Bundesrepublik beitrat. Die Welt, insbesondere die westliche Welt, wurde vom Tempo dieser Wandlungen überrascht und kam fast nicht mehr aus dem Staunen heraus. Hatte man sich doch längst auf eine dualistische, im Gleichgewicht gehaltene Weltpolitik eingestellt, die von den beiden Supermächten, insbesondere super in bezug auf die atomare Rüstung, USA und Sowjetunion – im Zusammenwirken mit den mit ihnen verbündeten beziehungsweise von ihnen abhängigen Ländern – seit Ende des Zweiten Weltkrieges angeführt wurde.

Die westliche Welt wurde vom Tempo dieser Wandlungen überrascht.

Im Spannungsfeld des Wettstreites der beiden entgegengesetzten Systeme, dies bekanntlich sowohl in ideologischer, politischer, wirtschaftlicher und militärischpolitischer Beziehung, standen und entwickelten sich die aus kolonialen Abhängigkeiten entlassenen Länder Afrikas und Asiens und die schon seit längerem eigenständigen Länder Mittel- und Südamerikas. Ihre wirtschaftliche und auch technologische und militärische Förderung stand in wechselhaften Beziehungen zu den beiden Blöcken, wobei sich einzelne, sei es durch Wahlen, Revolutionen oder Umstürze an die Macht gelangten Regimes, zeitweise auch in ein enges Beziehungsgeflecht zum Osten ein-

ließen.
Mit der Ablösung der Sowjetunion sind inzwischen auch die meisten dieser Regimes gestürzt oder durch neue politische Machtkoalitionen abgelöst worden. So zum Beispiel in Afghanistan, Äthiopien, Angola und Südjemen. Andererseits wurden verschiedene, sich zur westlichen Welt zählende Militär- und Diktaturregimes, vor allem in Mittel- und Südamerika, durch demokratische Bewegungen weggeschwemmt oder zumindest zurückversetzt, wie zum Beispiel in Chile, Argentinien und Brasilien.
Erstaunlich eigentlich, daß nach der Ablösung des dualistischen Weltsystemes die demokratischen Kräfte in vielen Ländern auf dem Vormarsch sind oder sich zu etablieren beginnen. Im weiteren haben sich auch Konflikte, die die Welt jahrzehntelang beschäftigten, wie zum Beispiel die Auseinandersetzung um das Apartheidregime in Südafrika oder um eine friedliche Entwicklung im mittleren Osten, vor allem im Verhältnis Israels zu den Palästinensern, entschärft oder befinden sich auf dem Weg zu akzeptablen, friedlichen politischen Lösungen.
Wenn man bedenkt, daß selbst noch in den achtziger Jahren niemand diese Entwicklung vorauszusehen vermochte, auch nicht im Kreise der Politologen und Systemwissenschaftlern, so ist es nur verständlich, daß heute, Ende der neunziger Jahre, die Voraussicht über die weitere Zukunftsentwicklung der Menschheit noch unsicherer geworden ist und sich selbst in politischen Führungskreisen ein leicht beklemmendes Unbehagen ausbreitet.
Neue, aus scheinbar längst überwundenen Verhältnissen der Vergangenheit aufkommende Strömungen mit neonationalistischen oder fundamentalistischen

Tendenzen verstärken nur noch die Zukunftsängste und werden durch scheinbar häufiger vorkommende Attacken terroristischer Gruppen oder unbekannter, dubioser Sekten noch mehr vertieft.

Die dazukommenden wachsenden Probleme der Ökologie einerseits und des weltweiten Bevölkerungswachstums andererseits lassen diese verbreiteten Ängste über die zunehmend labile Weltentwicklung nicht kleiner werden. Schon gibt es Kreise, die sich nach den stabileren Verhältnissen in der durch den Ost-West-Konflikt bestimmten dualistischen Weltsysteme zurücksehnen. Ja selbst in den ehemaligen Ländern des Ostblocks werden die Stimmen lauter, die die innere Ruhe und die soziale Sicherheit der damals «real existierenden» sozialistischen Systeme verklären oder sogar eine Wiederherstellung der damaligen Verhältnisse fordern.

Das Rad der Geschichte läßt sich nicht zurückdrehen.

Das Rad der Geschichte läßt sich jedoch nicht zurückdrehen. Und könnte man es, so sollte man dies tunlichst unterlassen. Wesentlich ist zu erkennen, daß der politische Zusammenbruch des Ostblocks nicht durch äußere Einwirkungen erfolgt ist. Die Grenzen der Machtblöcke wurden nach dem Zweiten Weltkrieg auf den Konferenzen in Jalta und Potsdam gezogen. Auch populäre Reformbewegungen, wie in Polen zur Zeit Gomulkas, oder Volksaufstände und Unruhen, wie in Ungarn oder Ost-Berlin, oder politische Umwälzungen unter Führung demokratisch gesinnter Funktionärseliten, wie in der Tschechoslowakei mit Dubcek an der Spitze, konnten damals die machtpolitische Stabilität des Ostens nicht er-

schüttern.
Die gegenseitige atomare Bedrohung und die Angst vor einem globalen Vernichtungskrieg verunmöglichte alle Überlegungen über eventuelle Interventionen und ließ politische Bewegungen, die die Stabilität des Weltfriedens in Frage hätten stellen können, oft schon im Keime ersticken.
Um diese scheinbare Stabilität zu wahren, wurde im kalten Krieg auf beiden Seiten vor allem gerüstet. Die Rüstungsspirale erreichte mit immer moderneren Waffensystemen, die bedingt durch ihre gigantische Zerstörungskraft immer weniger oder sogar theoretisch überhaupt nie eingesetzt werden durften, einen bisher nie dagewesenen Höhepunkt. Die Mittel, die seit dem Zweiten Weltkrieg für die Rüstung ausgegeben worden sind, kosteten eine derart astronomische Summe, daß, auch in Dollar ausgedrückt, ein normaler Mensch diese Zahl nicht mehr lesen könnte. Nun war diese Rüstung in bezug auf den nun unmöglich gewordenen, ständig befürchteten, die Welt zerstörenden dritten Weltkrieg offenbar für den Erhalt des Weltfriedens gewollt und schuf somit sogar ein, wenn auch dubioses, Gefühl der Sicherheit.
Über Jahrzehnte hinweg rüstete man, verhandelte zwischen den Blöcken, rüstete wieder, verhandelte wieder, rüstete ab, um nach neuen Verhandlungen mit neuen Waffensystemen wieder aufzurüsten, die wiederum zu Verhandlungen und schrittweise sogar zu weltumspannenden, zumindest für die beiden Blöcke bindenden Abkommen führten. Der sich dabei unmerklich einschleichende große Irrtum in der Einschätzung der weiteren Weltentwicklung lag nun darin, daß man zu glauben begann, die Stabilität eines Gesellschaftssystems hänge nur von der Wirtschaftskraft und der

damit zu finanzierenden Anzahl Waffensysteme ab.
Man zählte nur noch die Anzahl Panzer, Flugzeuge, Kriegsschiffe und Raketen zusammen und nicht mehr die Zahl der Menschen, die, sei es als Dissidenten oder als etablierte Führungskader, in wirtschaftlichen und kulturellen, ja parteipolitischen Institutionen kritische Ideen und Ambitionen zum Ausdruck brachten oder sich im Rahmen ihrer Möglichkeiten sogar um- und durchzusetzen begannen. Statt politisch dachte man nur noch in Produktionsziffern oder in Daten über die Vernichtungskraft der vorhandenen Waffensysteme. Man vergaß die soziale und kulturelle Realität der Menschen in diesen Ländern und konnte die sich potentiell aufbauende Dynamik in einem erstarrenden System nicht mehr erkennen.
Erst mit dem Aufkommen einer neuen Führungsschicht in der Sowjetunion, repräsentiert durch Michail Gorbatschow, kam Bewegung in die Sache, und mit dem raschen Abflauen des kalten Krieges entwickelte man auch im Westen politische Konzepte, die zu greifen begannen.

Die erfolgreichste politische Aktion war zweifellos der Vorstoß, die Frage nach den Menschenrechten in die Diskussion miteinzubeziehen.

Die erfolgreichste politische Aktion war zweifellos der Vorstoß, die Frage nach den Menschenrechten in die politische Diskussion zwischen den Weltmächten miteinzubeziehen. Nicht mehr die Ideologien, nicht mehr die wirtschaftlichen und politischen Systeme wurden als solche zur Diskussion gestellt, sondern die Menschenrechte der einzelnen Bürger in allen Ländern.
Die KSZE-Konferenzen, zur Sicherheit und Zusam-

menarbeit in Europa über die Machtblöcke hinausgreifend, wurden somit zum Träger eines «neuen Denkens» und leiteten – gewollt oder ungewollt – die treibenden politischen Veränderungen ein. Dies jedoch nicht nur im damaligen Ostblock, sondern auch in vielen Ländern, die sich zur westlichen Hemisphäre zählten. Denn die Frage nach den Rechten der Menschen schließt viele weitere, grundlegende mit ein, wie die Frage nach kultureller Autonomie, nach sozialer Gerechtigkeit, nach Rechtsstaatlichkeit, nach Freiheit und Freizügigkeit, nach Unantastbarkeit der menschlichen Würde, nach Mobilität auch im internationalen Reiseverkehr und schließlich nach Identität. Man darf feststellen, mit der Diskussion um Menschenrechte, die man über Ideologien, Religionen, Sitten und Gebräuche, Traditionen und Eigenarten aller Länder stellte, wurde nicht nur der kalte Krieg abgeschlossen, sondern auch die Entwicklung einer sich abzeichnenden globalen Weltzivilisation eingeläutet.

Die Auflösung der Sowjetunion, dieses «Kirchenstaates ohne Jenseits», wie dieses Staatsgebilde von einem in der linken Szene angesiedelten Politologen treffend bezeichnet wurde, dieses von einer sich selbst ernannten Elite geführten Staates, der seine Legitimation einzig von der Ideologie des sogenannten Marxismus – sprich Leninismus – ableitete und in der vom Kreml aus die Geschicke eines riesigen, von Europa bis Ostasien reichenden Vielvölkerimperiums zentralistisch gelenkt worden ist, ist zweifellos als eine positive Voraussetzung für die Bildung der zukünftigen globalen Staatengemeinschaft zu bewerten. Einer Staatengemeinschaft, die nur auf dem Prinzip der Autonomie aller Völker entstehen kann. Im weiteren signalisierte die Auflösung der Sowjetunion der ganzen Menschheit, daß alle Regimes, die auf der Vorherrschaft einer sich isolierenden Elite beruhen, die keinen Dialog mit ihrer Bevölkerung, mit ihren Bürgern zu führen mehr imstande ist, den wachsenden, auch geistigen Ansprüchen ihrer Bürger nicht mehr genügen können und somit in der heutigen Zeit nicht mehr lebensfähig sind.

Gesellschaften und Regimes, in der die Freiheit der Wahl, sei es in bezug auf Produkte, Dienstleistungen, Informationen oder politische Bewegungen von Parteien nicht gewährleistet ist, verletzen nicht nur die Menschenrechte, sondern verlieren auch jegliche innere Dynamik und müssen schlußendlich an sich selbst ersticken.

Unsere Zivilisation ist von einer sich rasant ausweitenden internationalen Mobilität geprägt.

Unsere moderne Zivilisation, die von einer sich rasant ausweitenden, internationalen Mobilität geprägt ist, eine Zivilisation, die von einer allumfassenden, globalen Kommunikation, vor allem über Rundfunk und Fernsehen, getragen wird, wird über kurz oder lang die Existenz von in sich abgeschlossenen Insidergesellschaften nicht mehr ermöglichen können, ja sogar zulassen. Ein kleines Beispiel: Als im Kanton Appenzell, in der Schweiz der letzte Kanton, der das Frauenstimmrecht immer noch nicht eingeführt hatte, die Mehrheit der Männer dieses den Frauen wiederum verweigerte, wurde es kurzerhand, mit Berufung auf ein übergeordnetes Bundesrecht, auf dem Rechtswege eingeführt. Dies übrigens trotz der Tatsache, daß gerade die Schweiz als multikultureller Staatenbund die Autonomie seiner Gliedstaaten, also der Kantone, in größtmöglichem Masse respektiert. Die eigensinnige Haltung einer verschwindend kleinen Minderheit, die nicht nur dem Image der Schweiz schadete, sondern auch internationalen Vereinbarungen über Menschenrechte, die die Schweiz ebenfalls unterzeichnet hatte, eklatant widersprach, konnte sich der schweizerische Staatenbund ganz einfach nicht mehr leisten. Doch diese einzigartige Maßnahme bildete die Ausnahme, die die Regel bestätigt. Ist doch gerade die Schweiz als historisch gewachsener multikultureller Staatenbund mit ihrem System der ausgebauten Volksrechte, der sogenannten direkten Demokratie, mit welchen die höchstmögliche Autonomie der 26 Kantone und rund 3000 Städte und Gemeinden gesichert wird, geradezu ein Modell für das sich bildende noch vielfältigere multikulturelle Europa und in mancher Hinsicht auch im Hinblick auf die sich zu bildende globale Staatengemeinschaft.

Aber auch die Schweiz, dieses historisch gewachsene, hochmoderne Staatssystem, lebt nicht auf einer Insel und kann sich internationalen Verpflichtungen nicht mehr entziehen.

Nach dem Zusammenbruch der von einer dualistischen Bedrohung abgeleiteten Weltpolitik beginnen sich immer mehr die Konturen eines Rahmenprogrammes abzuzeichnen, nach welchem sich die internationale Politik zur Bildung einer globalen Staatengemeinschaft bewegen wird. Dabei kristallisieren sich besonders zwei Ansprüche heraus, die von gleichwertiger Bedeutung sind, obwohl sie scheinbar im Widerspruch zueinander stehen.

Zum einen gilt es, die Autonomie jedes Staates zu respektieren und zu garantieren und auf der anderen Seite grundlegende Rechte, Voraussetzungen und Ansprüche einer globalen Zivilisation weltweit zu gewährleisten. Die letzten Ansprüche enthalten natürlich auch die Probleme eines freien Handels zu gerechten Preisen und die damit in Verbindung stehenden Probleme der weltweiten Nutzung von Energien und Ressourcen, selbstverständlich auch und vor allem in Beziehung zum Umweltschutz und der Erhaltung einer intakten Natur, also des Wassers, der Erde, der Luft und aller damit zusammenhängenden Auswirkungen wie zum Beispiel des Schutzes der fruchtbaren Erde, der Pflanzen, der Meere und schließlich der Luft vor allen nur denkbaren Schadstoffen: immense Probleme, die nur durch Serien von internationalen Verhandlungen und themenbezogene Konferenzen mit Beteiligung aller betroffenen Ländern schritt- und stufenweise gelöst werden können.

Um diese Probleme zu lösen, bedürfen wir keiner weltweit überdimensionierten Rüstung mehr, bedürfen wir keiner neuen Waffensysteme, sondern neuer, noch zu entwickelnden Technologien, viel Aufklärungsarbeit und Verständnis bei den Menschen in den jeweils betroffenen Ländern, viele Gespräche, Informationen und Diskussionen über alle Medien unter Bezug aller nur möglichen Experten, politischer Exponenten und Betroffener, also eine allumfassende, weltweite Öffentlichkeitsarbeit.

Die Stärkung und die Demokratisierung der Vereinten Nationen (UNO) und der stete Ausbau ihrer Organisationen ist auf diesem Wege von größter Bedeutung. Man sollte auch aufhören, den Vereinten Nationen Schwäche, Machtlosigkeit und Inaktivität vorzuwerfen, denn die UNO

Die UNO kann nicht besser sein, als die sie tragenden Staaten sind.

kann nicht besser sein, als die sie tragenden Staaten sind. Denn die Vereinten Nationen, als Spiegel der jeweiligen Machtverhältnisse und Interessenkonflikte, sind das einzige, von allen respektierte Podium, auf welchem diese ständigen internationalen Diskussionen geführt werden können, die zur Meinungsbildung der Weltöffentlichkeit Entscheidendes beitragen.
So ist es auch verständlich, daß die UNO für begrenzte Einsätze, auch militärischer Art, und für mittel- und langfristige Projekte in bezug auf die Entwicklungs- und Aufklärungsarbeit die dafür notwendigen Mittel mehr und mehr bereitgestellt bekommt. Man sollte jedoch die Vereinten Nationen nicht als Vorstufe eines Weltparlamentes, einer Weltregierung sehen, denn die zukünftige globale Staatengemeinschaft wird gerade auf der Autonomie der Gliedstaaten ruhen. Aber die UNO wird das zentrale Forum bleiben und ihre Institutionen ausbauen und erhalten, die bei Krisen und Interessenkonflikten vermitteln, und sie wird den Ausgleich schaffen und als Exekutive für Probleme, die die ganze Welt betreffen und die nur von der ganzen Menschheit gelöst werden können, tätig sein.
Diskussionen statt Bomben, Gespräche statt Schüsse, Konferenzen statt Raketen sind heute von der Menschheit gefordert, um den Weg in die Zukunft überhaupt beschreiten zu können. Eine umfassende Weltzivilisation wird auch eine politische Kultur entwickeln, und dies im Weltmaßstab. Dazu gehört, daß man den politischen Gegner nicht mehr als Feind sieht, den es zu vernichten gilt, sondern immer als möglichen Partner für eine gemeinsame Problemlösung. Jawohl, eine neue politische Kultur ist gefragt. Eine Kultur, in der im Wettstreit der Ideen zur Meinungsbildung und Entscheidungsfindung Öffentlichkeitsarbeit geleistet wird.

Eine Kultur, in der geworben wird und in der gute Public Relations zum Tragen kommen können. Jawohl, der Appell an die Phantasie und an die Kreativität der Menschen wird die Entwicklung einer globalen Gesellschaft von übermorgen bestimmen.

Die Voraussetzung einer gemeinsamen Weltzivilisation, unabhängig ethnischer Kulturen und Traditionen, ist bereits gegeben.

Man begebe sich in ein internationales Hotel, sei dies in Tokio, in Paris, in London oder New York, in Bangkok oder Rio de Janeiro, und man spreche nur einen Tag lang mit allen möglichen Hotelgästen, die gerade vom Flughafen, aus allen möglichen Ecken der Welt, eingetroffen sind.

Man spreche über dies und das, über persönliche Probleme, über andere Länder oder über Fragen der momentanen Weltpolitik. Man spreche über Wirtschaftsfragen oder über den Umweltschutz. Ob es nun Amerikaner, Japaner, Europäer, Inder oder Südafrikaner sind, ob es Chinesen oder Araber sind: man wird erstaunt sein, wie allgemein die Begriffe verstanden werden, wie allgemein alle Probleme erkannt sind und wie allgemein das Wissen über die einzelnen Kulturen und Traditionen verbreitet ist. Gleich welcher Hautfarbe, man bekommt immer das Gefühl, man spreche eigentlich mit einem Nachbarn von zu Hause. Drückt nicht bereits schon dies das Vorhandensein einer weltumspannenden Zivilisation aus? Ja, um Himmels willen, warum braucht es denn noch Bomben, Raketen und Kriegsschiffe? Warum investieren wir denn immer noch gigantische Mittel in die Entwicklung neuer Waffen- und Vernichtungssysteme, mit denen wir einzig und alleine die Welt vernichten könnten, statt diese Mittel freizugeben, um neue Energien und Ressourcen

zu erschließen, um eine wirtschaftlich ausgeglichene und sozial gerechte und somit auf die Dauer lebensfähige Weltgemeinschaft zu entwickeln?
Nun kommen die Propheten des Weltunterganges und behaupten im Hinblick auf das kommende anbrechende große Chaos, wie sie meinen, daß es eine Weltzivilisation gar nicht gäbe und auch nie geben wird. Im übrigen würden sie zum oben erwähnten Beispiel der Menschen erklären, daß es sich dabei ja nur um etablierte Geschäftsleute oder reiche Touristen handeln würde, die als Privilegierte einer Weltelite nicht die Interessen, die Hoffnungen und die der großen Masse der Menschen in ihren Länder wiedergeben könnten. Dieser Behauptung kann man nun wirklich nicht zustimmen. Wer auch nur ein wenig auf dieser Welt herumgekommen ist, der weiß das.

Die Propheten des Weltunterganges behaupten, daß es eine Weltzivilisation gar nicht gäbe.

Es sei erlaubt, zu dieser Frage eine persönliche Erfahrung einzubringen. Meine junge Frau ist in Thailand geboren und aufgewachsen und stammt aus einer chinesischen Familie, die vor einigen Jahrzehnten aus Südchina kommend in Thailand eingewandert war. Meine Frau wurde in einem kleinen Dorf am Meer im Süden von Thailand geboren, das praktisch nur von Chinesen bevölkert ist, besuchte dort die Grundschule und studierte später in Bangkok. Die Eltern wohnen noch heute in dem kleinen Dorf, doch die Kinder zogen alle nach Bangkok, um höhere Schulen zu besuchen, wobei die älteren Geschwister jeweils die jüngeren finanzierten. Meine Frau entschied sich damals für eine Laufbahn im Hotelfach, und ich lernte sie dann auch zufällig an der Reception in einem internationalen Hotel kennen. Sie lernte Englisch, sie wußte viel über Europa und die Schweiz. Allerdings glaubte sie, daß man in der Schweiz englisch sprechen würde. Wir heirateten, und sie lebt nun seit sieben Jahren in der Schweiz und spricht inzwischen fließend deutsch. Sie sieht fern und liest die Tageszeitung. Ich wurde später manchmal von Freunden gefragt, wie denn meine Frau den «Kulturschock», nämlich in Europa leben zu müssen, überwunden habe. Ich konnte ihnen nur zu deren großem Erstaunen antworten, daß es einen solchen «Kulturschock» gar nicht gibt. Meine Frau wußte nämlich mehr über Europa, als wir über Asien wissen. Denn abgesehen von den Essgewohnheiten und abgesehen davon, daß in Thailand, ähnlich wie in Süditalien, ein vitales, buntes Straßenleben existiert, wogegen in der Schweiz eine ruhige Abgeschirmtheit der Bürger vor den Nachbarn üblich ist, unterscheidet sich der Alltag im Leben der Menschen in der Schweiz in nichts von dem in Thailand. Die vitalen, persönlichen, familiären Begebenheiten und Interessen und die Lebensabläufe sind im Prinzip genau dieselben. Man wird geboren und von der Familie verhätschelt, man besucht die Grundschulen und ficht die Rivalitätskämpfe mit älteren und jüngeren Geschwistern oder verwandten Kindern aus, man hilft im Haushalt und träumt von der großen, weiten Welt. In der Familie wird debattiert, welchen Berufsweg man einschlagen oder welche Ausbildung man wählen soll, man erfährt das eigene und begegnet dem anderen Geschlecht, man verliebt sich und erlebt Enttäuschungen. Man heiratet und bekommt Kinder oder nicht, man spart für ein Eigenheim und kauft Möbel ein. Man schimpft über die Steuern, erlebt Gesundheit und

Krankheiten, Unfälle und schöne Urlaube, man liest die Zeitung, sieht fern und nimmt teil am Leben der ganzen Welt. Es gibt Zwist und Streitigkeiten um Erbschaften und Besitzrechte, man zankt und versöhnt sich wieder, und man trifft sich wieder bei Hochzeiten und Beerdigungen.
In nichts, aber auch in gar nichts unterscheidet sich das Leben der Menschen in allen Ländern der Welt voneinander, wenn es um das vitale, wenn es um das persönliche Leben der einzelnen geht.
Wir können weitergehen: Wie arbeitet man, wie kauft und verkauft man, und wie konsumiert man? Kürzlich besuchte ich die Heimat meiner Frau. Ich hielt mich einige Zeit in ihrer Studentenwohnung in einem Aussenquartier von Bangkok auf, in das sich sicherlich niemals Touristen verirrten.
Ich lernte also das Leben in einem großen Wohnblock in einem leicht vergammelten Außenquartier kennen und spürte schon nach wenigen Tagen nicht mehr, daß ich in Bangkok war. Ich hätte genausogut in einem Außenquartier von Rom sein können. In allen Wohnungen gab es fließendes Wasser und elektrischen Strom; es wurde gekocht und gegessen, es wurde Rundfunk gehört und ferngesehen. Im Hof spielten Kinder Fußball und Federball, trugen Kleidchen der neusten Moden. In den Vorgärten saßen abends die Familien zusammen und grillierten, tranken Wasser oder Reisschnaps und plauderten im Lichte kleiner Lämpchen. Auf den Vorstraßen wimmelte es von Menschen, die an den vielen Straßenständen einkauften

In nichts unterscheidet sich das Leben der Menschen in allen Ländern der Welt voneinander.

oder an einem der vielen auf den Boulevards aufgestellten Ständen, Trinkbars und Restaurants etwas zu sich nahmen. Und auf den größeren Hauptstraßen kurvten die Motorräder, Autos, und Taxis hielten nach Kunden Ausschau.
Abgesehen davon, daß man in den riesigen Außenquartieren mit vital pulsierendem Leben alles, nur keine Prostituierten sehen kann, da diese nämlich offiziell in Thailand gar nicht existieren und für Thais und Touristen nur in ganz bestimmten Straßenzügen zu finden sind, wobei man stundenlang Taxi fahren müßte, um zu ihnen zu kommen, abgesehen von dieser Legende über das Bangkoker Nachtleben, fühlte ich mich absolut gut aufgehoben und konnte trotz Sprachproblemen mit den Menschen kommunizieren und alle kleinen Alltagswünsche erfüllen.
Noch mehr, ich besuchte in diesem – und anderen – Außenquartier ein Einkaufszentrum, das zum Beispiel mindestens dreimal so groß war wie das größte in Zürich und in dem ich mit dem besten Willen und bei stundenlangem Rolltreppenfahren und Herumgehen nicht einen einzigen Touristen antreffen konnte: Einkaufszentren also nur für die Bewohner dieser Quartiere, für die Thais. Supermodern, viele Aktivitäten, alle Firmen und Marken der ganzen Welt vertreten. Eine glitzernde Welt des Konsums und des Vergnügens, bestückt mit viel Personal, besucht von Heerscharen von Menschen. Boutiquen, Geschäfte, Restaurants. Alle Sparten waren vertreten: Vom Pizzahut bis zum japanischen Spezialitätenrestaurant, von McDonalds bis zum deutschen Biergarten, von der exklusiven Bäckerei und Confiserie bis zum großen asiatischen Selbstbedienungsrestaurant mit Spezialitäten aus allen asiatischen Ländern, natürlich auch aus Thailand; von

der Parfümerie bis zu den Haushaltsgeschäften, kurz, alles, was es sonst noch gibt und alles, was das Herz begehrt, alles war vorhanden, nur oft viel größer in der Auswahl und natürlich viel billiger als in Zürich. Hätte ich jetzt auch einen Kulturschock bekommen sollen? Nein, denn wir leben bereits in einer Weltzivilisation. Diese wurde noch eindrücklicher bestätigt, als ich das ferne Heimatdorf meiner Frau im Süden besuchte. Bei der Ausfahrt aus Bangkok mit dem Fernbus durchquerten wir riesige Quartiere mit, ich muß es so formulieren, gigantischen Neubauten. Hochhaus an Hochhaus, dreißig bis vierzig Stockwerke hoch, ein neues Manhattan wird zurzeit gerade aus dem Boden gestampft. Mit japanischem, thailändischem und chinesischem Kapital aus Hongkong. Dann folgten kilometerlang Vorstädte, alle gerade vom Zeichenbrett der Architekten in die Tat umgesetzt, nigelnagelneu, im Bau oder noch nicht bezogen. Hunderte von Wohnsiedlungen, abgelöst durch Einkaufszentren, Tankstellen, oft mit bis zu hundert Tanksäulen, und unterbrochen von gewaltigen Überbauungen für Einfamilienhäuser in Gärten und Parks.
Nach gut zehn Stunden erreichten wir die dem Dorf nächstliegende Provinzstadt und fuhren dann mit einem lokalen Taxi ins Dorf der Familie meiner Frau. Zweitausend Einwohner, eine einzige Straße, auf der linken Seite das Meer, rechts die Berge, alte chinesische Häuser, die zur Straße hinaus keine Türen und Fenster, sondern hölzerne Falzwände haben, die tagsüber vollständig geöffnet werden, so daß jedermann in die Häuser hineinsehen kann, charakterisierten vorerst das kleine Fischerdorf.
In diesem Dorf erwartete man mich mit großer Neugier, hatte man doch noch nie einen «Falank», das

heisst, einen europäischen oder amerikanischen Fremden gesehen. Ich wurde sehr freundlich aufgenommen, und natürlich begrüßte ich laufend die vielen Verwandten und Bekannten der Familie meiner Frau.
Nun das Wesentliche: In jedem Haus gibt es fließendes Wasser, elektrischen Strom, es wird Rundfunk gehört und ferngesehen, man hat Waschmaschinen, man hat einen Butangasherd, jedes zweite Haus hat ein Telefon, man hat Badezimmer und Toilette, und man hat eine Vielzahl elektronischer Geräte für den Haushalt. Frühmorgens beginnt die Dorfjugend auf ihren Mofas die einzige Straße hin und her zu kurven, die Kinder beginnen zu spielen, die Alten sitzen draußen und verkaufen irgendwelche kleine Dinge, und die Jugendlichen spielen Billard und sprechen von der großen, weiten Welt.
Will man zum Haarschneider oder zum Spezialarzt, dann benutzt man eines der ständig hin und her pendelnden Dorftaxis zum nächsten Städtchen, und dort wiederholt sich genau dasselbe, nur noch im größeren Umfange. Geschäfter an Geschäfter mit Konsumgütern aller Art warten auf die Käufer und, und, und. Wo also ist denn der Kulturschock? Es gibt keinen. Und zum materiellen Leben ist zu sagen, daß die Menschen natürlich viel weniger verdienen als in Europa, aber das Leben kostet dort auch nur einen Bruchteil dessen, was es in Europa kostet. Das heißt, den Lebensstandard kann man nicht messen an der Währungskraft der Länder, sondern an den konkreten Lebenskosten und den entsprechenden Verdiensten.
Ich glaube nicht, daß die Menschen, auch nicht in den Provinzen Thailands, schlechter leben als in Europa. Natürlich gibt es wachsende Konsumansprüche. Die Jungen möchten gerne einen Transistorradio, ein Mofa

haben und so weiter. Und sicherlich sind die Sozialnetze nicht ausgebaut und weisen viele Lücken auf. Doch die Familien helfen einander ja. Die Alten bleiben bei ihren Familien, es gibt praktisch keine Altenheime, und sie leben sehr wahrscheinlich nicht unglücklicher als bei uns. Natürlich ist das Leben in den Dörfern anders und vermutlich friedlicher als in den größeren Städten, aber ist es das in Europa nicht auch? Bettler und Clochards habe ich auf jeden Fall nie gesehen, zumindest im Dorf nicht, und in der Hauptstadt nie so viele wie zum Beispiel in Paris, in New York, in London oder in Rom.

Aber was ich gesehen habe, ist Werbung in thailändischen Zeitungen, und vor allem in Magazinen, die, oft auf Glanzpapier gedruckt, viel umfangreicher als in Europa üblich sind. Die einzelnen Magazine sind vollgespickt mit Werbung und Public-Relations-Beiträgen. Dabei sind mit vielen führenden Weltmarken selbstverständlich auch bekannte Schweizer Marken vertreten. Die Schweiz ist berühmt für Uhren, Schokolade und Pharmaprodukte. Im weiteren weiß man, daß die Schweiz ein wunderschönes Land ist, in dem seit Menschengedenken Frieden herrscht. Etwas privilegiert ist die Schweiz im Bekanntheitsgrad durch die Tatsache, daß einige Mitglieder der thailändischen Königsfamilie am Genfersee die Schulen besuchten.

Am Beispiel von Thailand wollte ich nur zum Ausdruck bringen, daß gerade das Leben der einfachen Menschen in allen sogenannten «Entwicklungsländern» durch den Konsum von materiellen und geistigen Gütern einer um sich greifenden Weltzivilisation immer mehr geprägt wird und in bezug auf die Sehnsüchte und Wünsche es sogar noch ausgeprägter ist, als es bei den herumreisenden, die Welt besser kennenden Eliten der Fall sein kann. Wesentlich für uns Bürger der Industrieländer ist es zu erkennen, daß trotz oder gerade wegen der Weltzivilisation die kulturelle und politische Autonomie dieser Länder zu respektieren ist. Es ist nicht von Belang, ob ein Staat von einem Präsidenten, einem Kollegium, einem Monarchen oder von einem Gottkönig repräsentiert wird. Es ist nicht notwendig, daß die im westlichen Sinne verstandene politische Demokratie, besonders die der republikanischen Form der «Diktatur der Mehrheit», überall übernommen wird. Kulturelle und auch religiöse Traditionen sind immer anzuerkennen und haben den Vorrang vor theoretischen Gesellschaftsmodellen politischer Willensbildung. Entscheidend ist nur, daß die Menschenrechte gewahrt und humane Prinzipien weltweit anerkannt werden. Daß die Grundrechte gewahrt werden und demokratische Freiräume zur politischen Willensbildung garantiert sind, daß ein öffentlicher Dialog geführt wird und daß marktwirtschaftlich gearbeitet werden kann. Maximen, die auch in einem religiös gegründeten Staate möglich sind. Nicht die Zeremonien, nicht die Traditionen und auch nicht das politische System an sich sind zu beurteilen, sondern das Leben an der Basis, das Leben der einzelnen Bürger, die Freiheit der Wahl und das Recht des einzelnen Menschen, sein Leben innerhalb oder außerhalb des Kollektivs zu führen.

Entscheidend ist, daß humane Prinzipien weltweit anerkannt werden.

Nein, wir stehen nicht am Abgrund, und das große Chaos wird nicht kommen. Das Chaos ist übrigens auch nicht das natürliche Ordnungsprinzip, wenn es auch einige Theoretiker schon so sehen wollen.

Die Natur ist für uns Menschen berechenbar, wenn auch nicht immer steuer- und machbar. Wäre das Chaos das natürliche Ordnungsprinzip, dann würden die Löwen plötzlich Gras fressen und die Antilopen Nashörner jagen. Dann würde das Wasser ohne erkennbaren Grund zwischendurch aufwärts fließen und die Bäume, in den Boden wachsend, die Wurzeln in die Luft strecken.

Die Natur ist für uns Menschen berechenbar.

Nein, an der Natur liegt es nicht, sollte ein großes Chaos ausbrechen, sondern an uns Menschen. Am Umgang mit uns selbst und mit der Natur.

Wir hätten unsere hochentwickelte Zivilisation nicht entwickeln können, wäre die Natur an sich unberechenbar. Die Natur setzt nicht von sich aus die Gesetze der Physik oder der Chemie außer Kraft oder bringt sie durcheinander.

Die Parabel von der Vertreibung aus dem Paradies können wir auch falsch verstanden haben. Sehr wahrscheinlich leben wir immer noch im Paradies, das auf unserem einzigartigen, herrlichen Planeten Erde die Wirklichkeit ist. Vielleicht würden wir dann vertrieben, wenn wir beginnen sollten, das, was die «Welt im Innersten zusammenhält», zu manipulieren. Stichworte: Atomkraft und Gentechnologie. Vertrieben in dem Sinne, daß wir uns selbst und das Paradies Natur unserer Erde zerstören würden. Vielleicht stehen wir jetzt kurz vor der Entscheidung, ob wir in den von der Schlange gebotenen Apfel beißen wollen oder nicht.

Ja, ist denn unser Planet Erde nicht das Paradies? Die Astronomen wissen, daß bis heute im Umfeld von Millionen von Lichtjahren kein Stern gefunden werden

Milliarden von Sonnen und Planeten sind nur glühende Gase oder in Eiskälte erstarrte Materie.

konnte mit den phantastischen, idealen Verhältnissen, wie sie unsere Erde aufweist mit unserer Natur und all dem märchenhaften Leben. Millionen, ja Milliarden von Sonnen und Planeten sind nur glühende Gase oder in Eiskälte erstarrte Materie ohne Luft, Wasser und fruchtbare Erde, ohne Pflanzen und Tiere, ohne Menschen oder ähnliche Wesen – ohne jegliches Leben.

Wie dünn aber der Lebensraum ist, der unsere paradiesische Natur ermöglicht, sollten wir uns immer vor Augen halten. Bei nur zehn Kilometern über dem Boden beträgt die Temperatur bereits unter 60 Grad Celsius, und die Luft reicht nicht mehr zum Atmen.

Wenige Kilometer unter der Oberfläche beginnen wir dagegen zu verglühen. Man stelle sich die Weltkugel als Modell mit 120 Zentimetern Durchmesser vor. Der Lebensraum um diese Kugel würde genau einen Zentimeter betragen. So dünn ist unser Lebensraum, unser Paradies mit all den herrlichen Wäldern, Wiesen, Seen, Bächen und Flüssen. Mit den prächtigen Bergen und den wogenden Meeren, mit Milliarden von Pflanzen, Blumen und Blüten, ungezählten Insekten und Tieren im Wasser, auf dem Boden und in der Luft. Mit den ständig wechselnden Wolkengebilden, mit dem Wechsel der Jahreszeiten, mit Regen und strahlender Sonne am blauen Himmel, mit lauen Brisen, frischen Winden und tobenden Stürmen, mit Abend- und Morgenrot. Ja, und mit den genau «bemessenen» Tages- und Nachtzeiten, damit es nie zu kalt oder zu heiß wird.

Es gilt, unseren paradiesischen Planeten Erde zu erhalten.

Wenn wir nachts ins unendliche Universum blikken, erfaßt uns dann nicht die Ahnung über das vergebliche Bemühen, in die Welten dieser ungezählten Sternensysteme je vordringen zu können, geschweige denn sie besitzen zu wollen? Nein, nicht den Sternenhimmel gilt es zu erobern sondern unseren paradiesischen Planeten Erde zu erhalten.

Haben wir nicht eine hochentwickelte Technologie und blicken wir nicht zurück auf eine mehrere tausend Jahre alte Geschichte der Menschheit? Sind wir nicht im Besitze eines gewaltigen Wissens, vielfältigster Erfahrungen in kultureller, sozialer und politischer Hinsicht? Verfügen wir nicht über riesige Kulturschätze, über reichhaltige Traditionen und Kulturen aller Länder und Kontinente? Kennen wir nicht das Wissen vieler Denkschulen, Philosophien und Religionen? Und jetzt, jetzt ausgerechnet soll das große Chaos ausbrechen?

Nein die Menschheit wird sich in einer friedlichen, globalen Gemeinschaft wiederfinden, im Übermorgen. Dafür ist Kreativität gefragt in allen Bereichen, auf allen Stufen, in allen Ländern.

Noch sind wir nicht soweit, doch es kann uns gelingen. Die leise Reform der Gesellschaft durch Werbung, Sponsoring und Public Relations haben günstige Voraussetzungen geschaffen, daß alle großen Probleme in sozialer, wirtschaftlicher und politischer Hinsicht friedlich zu lösen sind. Zu lösen im globalen Maßstab, damit eine humane Weltkultur und Zivilisation entstehen kann. Die leise Reform der Gesellschaft durch die Werbung, dank der die Menschen über den Verstand und die

Gefühle angesprochen werden können und es ihnen leichter geworden ist, mit Hilfe ihrer Phantasie alte Vorurteile zu überwinden und auch schwierige Probleme zu erkennen und sogar ungewohnte Anforderungen zu akzeptieren, wenn diese im Interesse der Zukunft der ganzen Welt notwendig sind.
Die leise Reform der Gesellschaft durch das große Sponsoring, dank dem private und öffentliche Unternehmungen sportliche, kulturelle und soziale Aktivitäten fördern und somit zur globalen Integration beitragen.
Die leise Reform der Gesellschaft durch vielfältige Public Relations, dank welchen der Dialog zwischen Bürgern, Unternehmen und Behörden in allen Ländern entwickelt wird und somit günstige Bedingungen für die Gestaltung einer humanen Weltzivilisation entstehen.
Eine friedliche globale Gesellschaft, eine friedliche Staatengemeinschaft, in der es keine nationalen Armeen mehr geben wird, sondern nur noch internationale Friedenscorps und in der keine neuen Gefängnisse mehr gebaut werden müssen, sondern stufenweise geschlossen werden können, ist zu gestalten.
Eine Gesellschaft von übermorgen, in der geworben und nicht mehr befohlen wird, in der geworben und nicht mehr geschlagen wird und in der in Anbetracht eines reichhaltigen Angebotes an Lebensmitteln und Konsumgütern für alle geworben und nicht mehr gehungert wird.
Eine globale Gesellschaft, in welcher der Dialog zwischen den Ländern und in den öffentlichen Beziehungen eine tägliche Selbstverständlichkeit geworden ist.
Und diese globale Gesellschaft von übermorgen ist machbar, und sie wird kommen. Sie wartet auf uns dort weit hinter den dunklen Wolken. Sie wartet

auf uns als das Paradies, der Menschen im Paradies unseres Planeten Erde. Das Paradies, in dem unsere Zivilisation mit der Natur in Einklang stehen wird. Ein Paradies für alle Völker, für die ganze Menschheit, das wir schaffen können mit viel Geduld, mit offenem Geist und mit wachem Herzen. Ein Paradies, das wir schaffen können, dort weit hinten im Übermorgen, hier auf unserem Planeten, auf unserer Erde – und sonst nirgendwo.

Diese globale Gesellschaft von übermorgen wird kommen.

Impressum

Text:	Kurt Markus Degen
Korrektorat:	Max Wildi
Gestaltung und Satz:	Artpage AG, Zürich
Herstellung:	Bütler & Partner AG, Zürich
Objekt Management:	Renate Holzgang, Ringier AG, Zürich
Schweizer Ausgabe:	ISBN 3-85859-302-8 Ringier AG, Buchverlag, Zürich
Foto Titelbild:	Sunstar, Incolor Bildagentur
Deutsche und österreichische Ausgabe:	ISBN 3-7064-0154-1 Wirtschaftsverlag Carl Ueberreuter, Wien
Foto Titelbild:	Bildagentur Image Bank